Wilfried Weber



# Wege zum helfenden Gespräch

## Gesprächspsychotherapie in der Praxis

Ein Lernprogramm mit kurzen Lernimpulsen, konkreten Hinweisen und vielen praktischen Übungen

Neunte Auflage

Ernst Reinhardt Verlag München Basel

*Dr. Wilfried Weber*, Jahrgang 1934, Pfarrer und Psychotherapeut, Leiter der Telefonseelsorge Stuttgart, Teilauftrag in einer psychologischen Beratungsstelle, Ausbilder der »Gesellschaft für wissenschaftliche Gesprächspsychotherapie e.V.« und der »Deutschen Gesellschaft für Pastoralpsychologie e.V.«, Zusatzausbildung in »Klientenzentrierter Gesprächsführung« (GwG), »Konzentrativer Bewegungstherapie« (DAKBT), »Ehe-, Familien- und Lebensberatung« (DAJEB).
Anschrift: Dr. W. Weber, Postfach 612, 7000 Stuttgart 1

CIP-Titelaufnahme der Deutschen Bibliothek

**Weber, Wilfried:**
Wege zum helfenden Gespräch : Gesprächspsychotherapie in der Praxis ; ein Lernprogramm mit kurzen Lernimpulsen, konkreten Hinweisen und vielen praktischen Übungen / Wilfried Weber. – 9. Aufl., 52. Tsd. – München ; Basel : E. Reinhardt, 1991
ISBN 3-497-00938-5

## Vorwort zur fünften, völlig neubearbeiteten Auflage

Mein Buch fand so großes Interesse, daß seit seinem Erscheinen in jedem Jahr eine weitere Auflage oder Aufstockung nötig war. Deshalb fühlte ich mich zu einer umfassenden Neubearbeitung verpflichtet: Ich habe viele neue Forschungsergebnisse und neue persönliche Erfahrungen (im Umgang mit Klienten und Lerngruppen) hereingenommen.

Die wichtigsten Veränderungen zähle ich auf:

1. Fast alle Kapitel wurden erweitert und vertieft. Das Kapitel über »Echtheit und Selbstkongruenz« gewann eine ganz neue Gestalt, — diese bedeutsame therapeutische Variable haben Forschung und Lehre bisher sehr vernachlässigt.
2. Einige wenige Kapitel wurden gestrafft oder herausgenommen, um den Lernprozeß zu vereinfachen.
3. Viele Kapitel sind verständlicher und praxisnäher geworden, indem die Abschnitte »Konkretionen« und »Praktische Übungen« ausgebaut wurden; vor allem kamen neue nonverbale und auch einige spielerisch-kreative Übungen dazu, um dem »verkopften« Lernen entgegenzuwirken.
4. Um ein abwechslungsreiches Lehren und Lernen zu ermöglichen (viele Lehrbücher triefen vor tierischem Ernst und trockener Theorie), wurden ernste und heitere Zitate aus der Weltliteratur (von Seneca bis Wilhelm Busch), therapeutische Witze, Karikaturen usw. hereingenommen.
5. Die Reihenfolge der Kapitel des II. Teils wurde verändert, die neue Anordnung hat mehr logische und psychologische Überzeugungskraft.

Ich habe vielen Kollegen und Lehrern zu danken. Verwandte und Freunde standen mir bei, wenn ich den Mut oder die Lust verlor. Am meisten gelernt habe ich in der Begegnung mit meinen Lerngruppen und Klienten. Letztlich fußt dieses Buch also auf Teamarbeit, — ich bin sehr dankbar dafür.

*Wilfried Weber*
Stuttgart, Sommer 1980

## Inhalt

## Einführung in das Lernprogramm

### Methodisch-pädagogische Überlegungen

Der Erfolg eines Lernprozesses hängt nicht nur von der sachlichen Richtigkeit der dargebotenen Information ab; er ist stark geprägt durch die Methode, wie der Lernstoff vermittelt wird. Deshalb muß in gebotener Kürze von Lernmethoden gesprochen werden; zuvor sind Lernziel, Zielgruppe und Zeitplan zu skizzieren.

### I. Lernziel

Dieses Buch zeigt Wege zum helfenden Gespräch, zum therapeutischen Dialog. Im Mittelpunkt steht das therapeutische Basisverhalten: Die wichtigsten Verhaltensweisen eines Therapeuten (Sozialpädagogen, Seelsorgers, Beraters, Erziehers usw.) werden dargestellt und sollen eingeübt werden. Was dieses Buch anbietet, befähigt zu einer zuverlässigen und methodisch durchdachten Gesprächsführung.

Der 1. Teil des Lernprogramms ist der klientenzentrierten (neuerdings spricht man auch von personzentrierter) Gesprächspsychotherapie gewidmet und bietet hauptsächlich die Methoden an, die von *Carl Rogers* und *Reinhard Tausch* entwickelt wurden. Ergänzend dazu bringt der 2. Teil Informationen, die mehr in den Bereich der Kommunikationspsychologie und Tiefenpsychologie gehören. — Das Inhaltsverzeichnis nennt konkrete Einzelheiten.

### II. Zielgruppe

Das vorliegende Lernprogramm hat einen leicht überschaubaren Aufbau und bemüht sich durchgängig um sprachliche Formulierungen, die leicht zu lesen und zu verstehen sind. Insofern eignet es sich besonders für Sozialarbeiter, Sozialpädagogen, Seelsorger, Telefonseelsorger, Eheberater, Psychologiestudenten, außerdem für Psychologen und Mediziner, die psychotherapeutische Funktionen übernehmen wollen. Ein Teil des Lernstoffes eignet sich auch zur Schulung von Krankenschwestern, Gemeindehelferinnen, Diakonen, Seelsorgehelfern, Altenpflegern und ähnlichen Berufszweigen. Ehepartner und Eltern, die dieses Programm durcharbeiten, werden mit ihren Familienangehörigen wesentlich besser kommunizieren und umgehen können.

Wer den genannten Personenkreis auszubilden oder fortzubilden hat, findet in diesem Buch ein praktikables und flexibles Arbeitsmaterial. Es kann von Lehrenden benützt werden, läßt sich aber auch ohne Anleitung durch Fachleute benutzen (Einzelstudium, Gruppenstudium von Lernenden).

## III. Zeitplan

Wieviel Zeit zum Durcharbeiten des Lernprogramms benötigt wird, hängt ab von der Vorbildung des Lernenden, seiner Zielsetzung und seiner Einsatzbereitschaft. Eine Rolle spielt auch, ob man alleine oder innerhalb einer Gruppe arbeitet, und ob die Gruppe einen Trainer (Supervisor) hat.

Eine grobe Überschlagung ergibt, daß etwa hundert Arbeitsstunden aufzuwenden sind. Ein Arbeiten im Block erweist sich als besonders günstig.
Für Lerngruppen gibt es folgende günstige Möglichkeiten:

1. Anfangstagung von insgesamt fünf Tagen mit achtstündiger Arbeitszeit. Nach etwa drei Monaten eine Zwischentagung von vier Tagen, nach weiteren drei Monaten eine Abschlußtagung von drei Tagen.

2. Anfangstagung von drei bis fünf vollen Tagen, dann wöchentliche Arbeitssitzungen von jeweils zwei bis drei Stunden. Es folgt eine Zwischentagung von mindestens zwei Tagen, dann weitere wöchentliche Arbeitssitzungen, schließlich eine Abschlußtagung von mindestens zwei Tagen.

Das Lernprogramm ist, mit wenigen Ausnahmen, so aufgebaut, daß es in kleinen, in sich selbständigen Lerneinheiten erarbeitet werden kann.

## IV. Lernmethoden

Nachstehend wird in knapper Form aufgezeigt und begründet, welches pädagogische Konzept hinter diesem Lehrbuch steht. Um Eintönigkeit und Ermüdung zu umgehen, werden Vielfalt und Abwechslung innerhalb der Lernmethoden angestrebt, z. B. durch nonverbale Übungen und Visualisierungen, aber auch mittels Lerneinheiten, wo es etwas zum Lachen gibt.

### 1. Zum Thema »Impulsmethode«

Die einzelnen Kapitel dieses Buches sind nach dem Konzept der sogenannten »Impulsmethode« gestaltet (*Pöggeler* 1964, *Erl* 1969). Die Information geschieht in der Form von Lernimpulsen und Denkanstößen, also in geraffter und gestraffter Form, in thesenhafter Kürze. Der Lernende hat die Aufgabe, die

Lernimpulse selbständig zu verarbeiten, wobei das Gespräch innerhalb einer Lerngruppe eine bedeutsame Rolle spielt. Für die Impulsmethode sprechen folgende Gründe:

a) Sie zwingt den Lehrenden
   - »zu durchdachter und übersichtlicher Gliederung,
   - zu Kürze und Deutlichkeit der Formulierung,
   - zu einem Darstellungsstil, der eine Diskussion nahelegt« (*Die Volkshochschule 1968*).
b) Sie führt bei den Lernenden dazu,
   - »daß die Fähigkeit zu gedanklichem Nachvollzug nicht überfordert wird,
   - daß ihre Aufmerksamkeit erhalten bleibt« (*Die Volkshochschule 1968*),
   - daß sie zu eigenem Denken angeregt werden,
   - daß sie ihr Wissen und ihre Kritik leicht in den Lernprozeß einbringen können,
   - daß ihr Bedürfnis nach Information und Kommunikation befriedigt wird« (*Moser* (Hg.) 1968),
   - daß es im Gespräch miteinander zu einem intensiven Kommunikationsprozeß kommt und also keine Einweg-Kommunikation stattfindet.

## 2. Zum Thema »Arbeitspapier«

Die Kapitel dieses Buches haben die Form von sogenannten »Arbeitspapieren«, der Leser muß intensiv und produktiv mit ihnen arbeiten. Er kann einzelne Passagen unterstreichen oder ganz streichen, er kann kritische und klärende Anmerkungen anbringen, er kann ergänzende Informationen eintragen: Die Arbeitspapiere bieten viel freien Raum für handschriftliche Eintragungen. – Um den Leser zu eigenem Arbeiten anzuregen, wird auf Vollständigkeit und Perfektionismus bewußt verzichtet.

Ein »Arbeitspapier« verlangt vom Benutzer, daß er sich beispielsweise folgende Fragen stellt:

a) Verstehe ich alle gebotenen Informationen voll und ganz?
b) Welche Informationen kann ich bejahen? Anhand dieser Frage kann der Lernstoff wiederholt und vertieft werden.
c) Welche Informationen möchte ich kritisieren oder ablehnen? Anhand dieser Frage können Widerstände gegenüber neuen, ungewohnten und unbequemen Informationen teils bewußt gemacht, teils abgebaut werden.
d) Welche Informationen fehlen, so daß ich hier ergänzen muß? Durch diese Frage soll zu eigenständigem, schöpferischem Arbeiten angeregt werden.
e) Wie erlebe ich diese Informationen? Welche Gefühle und Wünsche werden in mir wach?

Man kann mit den Kapiteln dieses Lehrbuches als einzelner arbeiten. Wesentlich wirksamer ist es allerdings, wenn man diese Arbeitspapiere in Gruppen diskutiert.

## 3. Aufbau der einzelnen Kapitel

Die meisten Kapitel bestehen aus fünf Teilen (Lernschritten): »Lernimpuls«, »Begründung«, »Kritische Reflexion«, »Konkretion«, »Praktische Übungen«.

Der »Lernimpuls« bringt, in thesenhafter Kürze, neue Informationen. Aus folgenden Gründen wurde die Thesenform gewählt:

Thesen ersparen dem Lernenden einen großen Zeitaufwand und lassen sich verhältnismäßig leicht im Gedächtnis speichern; Thesen bringen Verkürzungen und provozierende Härten mit sich und fordern so zum Mitdenken und Weiterdenken auf (während lange und rundherum abgesicherte Ausführungen den Leser manchmal ermüden und ihm Eigenaktivität vorenthalten).

Im zweiten Lernschritt, der *»Begründung«,* werden die neuen Informationen des Lernimpulses begründet.

Die *»Kritische Reflexion«* bringt die nötigen Einschränkungen und Fragezeichen.

Innerhalb der *»Konkretion«* geht es um die Hinführung zur Praxis und um konkrete Beispiele aus der Praxis. Den »Konkretionen« kommt eine besondere Bedeutung zu: Mit ihnen soll der Schritt von der Abstraktion zur Konkretion vollzogen, die Brücke von der theoretischen Einsicht zur praktischen Tat geschlagen werden.

Die »Praktischen Übungen« haben das Ziel, den neuen Lernstoff einzuüben (»learning by doing«) und mit Person und Verhalten des Lernenden zu verschmelzen (*D. Tscheulin* 1972). Durch permanentes und vielgestaltiges Üben wird der neue Lehrstoff repetiert und praktiziert; der Lernende kann sein Verhalten selber kontrollieren und durch andere kontrollieren lassen, es kommt zu Rückmeldung und Rückkoppelung (»Feedback«).

Die Einübung geschieht anhand von praxisnahen Beispielen und konkreten Aufgaben. Um das Üben abwechslungsreich und vielgestaltig zu machen, wird oft eine Fülle von praktischen Übungen angeboten, die einschlägige Literatur machte bislang nicht viele Angebote in dieser Richtung. Manche Übungen sind (im Sinne des selbsttätigen Unterrichts) für Einzelarbeit bestimmt, andere für die Gruppenarbeit.

Anmerkung: Alle Teile (Lernschritte) eines Kapitels bedürfen der Ergänzung (vgl. die stereotype Aufforderung zur »Ergänzung«), das gilt insbesondere für den Teil »Konkretion«. Vom Lernenden werden Eigentätigkeit und selbständige Kreativität erwartet.

## 4. Zum Thema »Gruppenarbeit«

Ein größerer Teil des vorliegenden Lernstoffs läßt sich im Einzelstudium durcharbeiten. Indessen ist dem Lernen in Arbeitsgruppen der Vorzug zu geben. Da sich die pädagogische Methode der Gruppenarbeit noch nicht bei allen Lernenden und Lehrenden durchgesetzt hat, seien zunächst einige ihrer Vorzüge thesenartig genannt (*E. Meyer* 1957, *T. Brocher* 1967, *W. Erl* 1969, *F. J. Stendenbach* 1963):

*Argumente für Gruppenarbeit:*

Das Arbeiten in Gruppen kann

a) den Erwerb von Kenntnissen und Fähigkeiten reicher, genauer, praxisnaher und dauerhafter machen,
b) zur Freude am Lernen und Arbeiten beitragen,
c) dem Bedürfnis nach Information *und* Kommunikation entgegenkommen,
d) den Wunsch nach Eigeninitiative und schöpferischer Aktivität befriedigen,
e) das Vertrauen zu sich selbst und zu anderen stärken,
f) die Fähigkeit zum Kommunizieren auf rationaler und emotionaler Ebene verstärken,
g) lebenswichtige soziale Tugenden entwickeln, z. B. gegenseitiges Verstehen, Solidarität, Kooperation, demokratisches Verhalten, Ausgleich zwischen Temperamenten usw.

Pädagogisch fruchtbar und zeitsparend ist es, wenn Gruppenarbeit und Einzelarbeit (Alleinstudium) miteinander abwechseln. Das Lesen einzelner Kapitel und das Lösen einiger praktischer Aufgaben müssen nicht in der Gruppe stattfinden, die einzelnen Mitglieder einer Lerngruppe können das zu Hause machen. Daran muß sich aber ein intensiver Meinungsaustausch anschließen. Dazu bedarf es einer Gruppe.

*Aufbau der Arbeitsgruppe*

Wenn eine Arbeitsgruppe aus sechs bis acht Teilnehmern besteht, ist sie überschaubar und bietet optimale Chancen für eine kritische und kreative Aussprache und für praktische Übungen. Für einzelne Aufgaben kann eine aus acht Mitgliedern bestehende Arbeitsgruppe auch in zwei Vierergruppen aufgeteilt werden. — Es ist möglich, zwei oder drei Arbeitsgruppen von jeweils acht Teilnehmern zu einer Kursgruppe zusammenzufassen.

*Leitung der Arbeitsgruppe*

Das vorliegende Lernprogramm ist so gestaltet, daß eine Gruppe von Lernenden selbsttätig damit arbeiten kann. Der Lernprozeß wird aber erleichtert und beschleunigt, wenn ein Trainer (Supervisor) zur Verfügung steht, ein psychologisch, therapeutisch und gruppendynamisch geschulter Fachmann. Für große Lerngruppen (15–20 Teilnehmer) sollte ein Co-Trainer bereitstehen.

## 5. Methoden der Gruppenarbeit

Eine Lerngruppe muß sich überlegen, nach welcher Methode sie arbeiten will. Das vorliegende Lernprogramm macht dazu verschiedene Vorschläge, teils in diesem Einführungskapitel, teils in den nachfolgenden Hauptkapiteln. Für den Ablauf der Gruppenarbeit wird als Grundmodell empfohlen: Lektüre eines Kapitels – kritische und kreative Aussprache – praktische Übungen – Feedback (Austausch über den Lern- und Gruppenprozeß; genauere Informationen zum Feedback am Ende dieses Kapitels!).

*Gruppenarbeit gemäß der »Themenzentrierten Interaktion« (TZI)*

Als günstig erweist sich ein Arbeiten nach der »themenzentrierten interaktionellen Methode«, die *Ruth C. Cohn* entwickelt hat (*Cohn* 1970, 1974, 1975). Hier kommen nämlich verschiedene menschliche Grundbedürfnisse zum Zug: rationale, emotionale und soziale Strebungen. Innerhalb dieser Methode kreist das gemeinsame Arbeiten um drei Beziehungspunkte: Das Es (Thema), das Ich (Individuum), das Wir (Gruppe). »Die thematische interaktionelle Gruppe versucht die Dreiheit von Ich – Wir – Es in dynamischer Balance zu halten.« Eine Skizze kann das verdeutlichen:

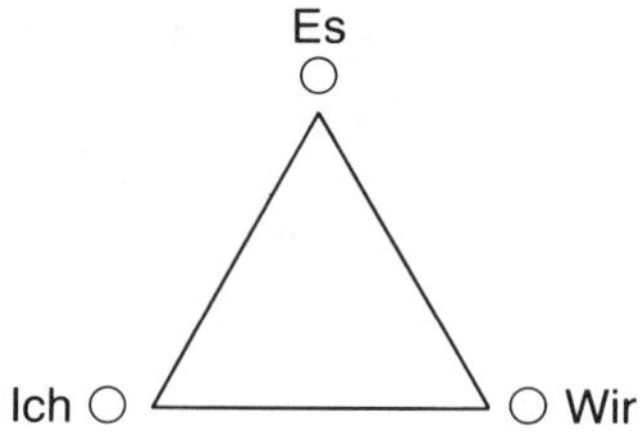


*Ruth Cohn* schreibt dazu (aus der Sicht des Gruppenleiters): »Wenn die Gruppe sich mit dem Thema akademisch beschäftigt, erachte ich dieses nur für so lange als konstruktiv, als ich keine Anzeichen von Interesselosigkeit in der Gruppe entdecke, nicht einzelne Teilnehmer als unbeteiligt oder gestört empfinde, und auch keine anderen generellen Gruppenzerfallsymptome auftauchen. Sonst lenke ich die Aufmerksamkeit vom Thema fort zur Person (Ich) oder zu Personen (Wir). Wenn die Gruppe sich umgekehrt nur für eine Person oder für ein Aufwallen von verschiedenen Gefühlen in der Gruppe zu interessieren scheint und sich damit in eine Therapie- oder Sensitivitätsgruppe zu verwandeln droht, schlage ich die Brücke zum Thema. In einer gut funktionierenden, erfahrenen Gruppe sind solche Direktiven weniger oft notwendig, da die Gruppe selbst sich zum Wächter der Methode fortentwickelt hat.«

*Ruth Cohn* stellt Regeln auf, »die zugleich die jeweilige Arbeit und das Streben nach dem Bewußtsein der Autonomie und zwischenmenschlicher Verbundenheit fördern sollen:

a) Versuche, in dieser Sitzung das zu geben und zu empfangen, was Du selbst geben und empfangen möchtest. (Diese Richtlinie schließt alle folgenden, die nur zu größerer Verdeutlichung gegeben werden, ein.)

b) Sei Dein eigener Chairman und bestimme, wann Du reden oder schweigen willst und was Du sagst*.

c) Es darf nie mehr als einer gleichzeitig reden. Wenn mehrere Personen auf einmal sprechen wollen, muß eine Lösung für diese Situation gefunden werden.

d) Unterbrich das Gespräch, wenn Du nicht wirklich teilnehmen kannst, z. B. wenn Du gelangweilt, ärgerlich oder aus einem anderen Grund unkonzentriert bist. (Ein »Abwesender« verliert nicht nur die Möglichkeit der Selbsterfüllung in der Gruppe, sondern bedeutet auch einen Verlust für die ganze Gruppe. Wenn eine solche Störung behoben ist, wird das unterbrochene Gespräch entweder wieder aufgenommen werden oder einem momentan wichtigeren Platz machen**.)

e) Sprich nicht per »man« oder »wir«, sondern per »ich«. (Ich kann nie wirklich für einen anderen sprechen. Das »man« oder »wir« in der persönlichen Rede ist fast immer ein Sich-Verstecken vor der individuellen Verantwortung.)

f) Es ist beinahe immer besser, eine persönliche Aussage zu machen, als eine Frage an andere zu stellen***. (Meine Äußerung ist ein persönliches Bekenntnis, das andere Teilnehmer zu eigenen Aussagen anregt; viele Fragen sind unecht; sie stellen indirekte Ansprüche an den anderen und vermeiden eine persönliche Aussage.)

g) Beobachte Signale aus Deiner Körpersphäre und beachte Signale dieser Art bei anderen Teilnehmern. (»Diese Regel ist ein Gegengewicht gegen die kulturell bedingte Vernachlässigung unserer Körper- und Gefühlswahrnehmung.«)

---

* *R. Cohn* meint damit: Sei Leiter und Vorsitzender Deiner selbst und Deiner Gruppe, übernimm die Verantwortung für Dich selbst und für die Gruppe.

** *R. Cohn* sagt an anderer Stelle: »Störungen haben Vorrang.« Mit »Störungen« meint sie alle (positiven und negativen) emotionalen Regungen, die das Mitarbeiten in der Gruppe unmöglich machen. Eine Störung kann so mitgeteilt werden: »Ich habe eine Störung, bitte helft mir dabei ...« Weil es oft schwer fällt, von starken emotionalen Regungen zu sprechen, wird die Gruppe mithelfen, etwa mit folgenden Rückfragen: »Welche Gefühle, welche Wünsche hast Du? Was willst (und kannst) Du jetzt in diesem Augenblick tun? Was kann ein Gruppenmitglied (oder die Gruppe) für Dich tun?«

*** Nach *R. Cohn* soll auf jeden Fall im Anschluß an eine Frage verdeutlicht werden, was hinter der Frage steht: Was bedeutet sie für mich? Was ist Ursache und Ziel meiner Frage?

Einige Untersuchungen deuten darauf hin, daß bis zu 70 Prozent der Kommunikation auf nichtsprachlicher Ebene stattfinden, also über nonverbale Äußerungen wie Mimik, Gestik, Körperhaltung, Stimmgebung usw. – Körpersprache und Signale des Körpers sind oft klarer und deutlicher als das, was mit Wörtern und Sätzen ausgedrückt wird. Deshalb legt dieses Lehrbuch großen Wert auf die Bedeutung der nonverbalen Kommunikation, bietet vielerlei nonverbale Übungen an.

### *Gruppenarbeit mit anschließendem Feedback*

Ein unentbehrlicher Bestandteil der Gruppenarbeit ist das abschließende Feedback (Rückmeldung, Rückkoppelung). Am Ende einer Arbeitssitzung oder einer Arbeitstagung ist es nötig, daß das einzelne Gruppenmitglied ausspricht, was es in der Begegnung mit dem Lernstoff und der Lerngruppe erlebt hat; wo es z. B. Gefallen und Mißfallen empfand. Das einzelne Gruppenmitglied muß auch erfahren, welche (positiven und negativen) Erfahrungen die anderen Gruppenteilnehmer machten. Durch solchen Austausch von Gedanken und Gefühlen hat die Gruppe (einschließlich Gruppenleiter) die Möglichkeit, den Lern- und Gruppenprozeß systematisch zu kontrollieren und bewußt zu gestalten; Fehlentwicklungen können korrigiert und positive Ansätze aktiviert werden, eventuell sind neue Arbeitsmethoden zu finden.

Das Feedback soll in regelmäßigen und nicht zu großen Abständen erfolgen. Es kann in Form einer freien Aussprache durchgeführt werden oder anhand einer standardisierten Einschätzungsskala, die anonym von allen Gruppenmitgliedern ausgefüllt und anschließend ausgewertet wird. Für ein exaktes Feedback empfiehlt sich die Kombination dieser zwei Methoden. Es folgen zwei Modelle von Einschätzungsbogen zum Lern- und Gruppenprozeß.

### *Einschätzungsskala I zum Lern- und Gruppenprozeß (Brocher 1967)*

Datum:
Bitte keinen Namen angeben!

1) *Wie fühlte ich mich in dieser Gruppe?*
   a) Sehr unbehaglich
   b) Ziemlich unbehaglich
   c) Etwas mehr unbehaglich als wohl

d) Weder unbehaglich noch wohl
e) Eher wohl als unbehaglich
f) Ziemlich wohl
g) Sehr wohl

2) *Wieweit waren die Lernziele klar?*
a) Völlig unklar
b) Ziemlich unklar
c) Eher unklar als klar
d) Weder klar noch unklar
e) Eher klar als unklar
f) Ziemlich klar
g) Völlig klar

3) *Wie arbeitete die Gruppe?*
a) Faul und zufrieden
b) Ziemlich oberflächlich
c) Eher oberflächlich als tiefgehend
d) Weder oberflächlich noch tiefgehend
e) Eher tiefgehend als oberflächlich
f) Ziemlich tiefgehend
g) Begierig und hungrig – intensiv tiefgehend

4) *War die Diskussion sachfremd oder sachbezogen?*
a) Völlig sachfremd, theoretisch, unrealistisch
b) Ziemlich sachfremd
c) Eher sachfremd als sachbezogen
d) Sie hielt sich in der Mitte
e) Eher sachbezogen als sachfremd
f) Ziemlich sachbezogen
g) Völlig sachbezogen

5) *Waren die Mitglieder darauf aus, Punkte für sich zu gewinnen, und ihre eigenen Standpunkte durchzusetzen?*
a) Völlig darauf aus, Punkte für sich zu sammeln
b) Ziemlich darauf aus, ...
c) Mehr darauf aus, Punkte zu sammeln, als darauf, die Bedeutung der Sache zu erwägen
d) Gleichermaßen darauf aus, Punkte zu sammeln, als darauf, die Bedeutung der Sache zu erwägen
e) Etwas mehr die Sache erwägend, als darauf aus, Punkte zu sammeln

f) Ziemlich darauf aus, die Bedeutung der Sache zu erwägen
g) Völlig nur an der Bedeutung der Sache orientiert

6) *Wurden abweichende Ansichten genügend angehört?*
a) Nein, sie blieben völlig unbeachtet, wurden nicht zugelassen, abgewiesen bzw. beiseite geschoben
b) Blieben ziemlich unbeachtet
c) Mehr unbeachtet als verwendet
d) Weder unbeachtet noch verwendet
e) Mehr verwendet als unbeachtet
f) Ziemlich viel verwendet
g) Ja, sie wurden vollständig besprochen, untersucht, ausgewertet und in Erwägung gezogen

7) *Fühlte ich mich der Mehrzahl der Teilnehmer gegenüber frei oder unfrei?*
a) Nein, ich fühlte mich völlig abgekapselt, verschlossen und versteckt
b) Ziemlich eingeengt von den anderen
c) Eher eingeengt als frei
d) Weder eingeengt noch frei und äußerungsfähig
e) Eher frei und äußerungsfähig als eingeengt
f) Ziemlich frei und äußerungsfähig
g) Ja, ich fühlte mich ziemlich frei und äußerungsfähig, offen und meinen Gefühlen entsprechend

8) *Fühlte ich mich in der Gruppe identifiziert und integriert?*
a) Nein, ich fühlte mich völlig negativ, in mich zurückgezogen, gelangweilt, abgewiesen, nicht angenommen, außerhalb stehend
b) Ziemlich außerhalb
c) Etwas mehr außerhalb als in der Gruppe
d) Weder in noch außerhalb der Gruppe
e) Etwas mehr in der Gruppe als außerhalb
f) Ziemlich in der Gruppe
g) Ja, ich fühlte mich völlig aufgenommen, selbst in der Gruppe stehend

9) *Bekam ich Hilfe, wie ich sie gebraucht hätte?*
a) Nein, meine Bedürfnisse blieben völlig unbeachtet
b) Ziemlich unbeachtet
c) Mehr unbeachtet gelassen als wahrgenommen
d) Weder unbeachtet gelassen noch wahrgenommen
e) Mehr wahrgenommen als unbeachtet gelassen
f) Ziemlich wahrgenommen
g) Ja, meine Bedürfnisse wurden wahrgenommen, es wurde ihnen in völlig befriedigender Weise entsprochen

10) *Welche Mitwirkung war mir in der Gruppe möglich?*
   a) Völlig unwirksam, der Gruppe bei der Erreichung ihrer Ziele zu helfen
   b) Ziemlich unwirksam
   c) Etwas mehr unwirksam als wirkungsfähig
   d) Weder unwirksam noch mitwirkungsfähig
   e) Etwas mehr mitwirkungsfähig als unwirksam
   f) Ziemlich mitwirkungsfähig
   g) Voll mitwirkungsfähig, der Gruppe bei der Erreichung ihrer Ziele zu helfen.

*Einschätzungsskala II zum Lern- und Gruppenprozeß (siehe S. 22)*

*Nonverbales Feedback (Nichtsprachliche Rückmeldung)*

Die nachstehende Übung verzichtet weitgehend auf das Sprechen (mit Worten drückt man sich oft ziemlich unklar aus!): Sie macht sichtbar und körperlich spürbar, wie die einzelnen Gruppenmitglieder den Lernprozeß, die Gruppe und sich selber erleben. Im Blick auf das Feedback wird gleichsam mit den Füßen abgestimmt, jedes Gruppenmitglied bezieht Stellung auf eine sichtbare Weise.

Die Gruppe steht im Kreis. Die Mitte des Kreises ist markiert (z. B. mit einem Blatt Papier, einem Blumenstrauß, einem Stuhl). In der Mitte des Kreises zu stehen bedeutet »sehr gut – sehr viel«. Im Kreis außen stehen zu bleiben, bedeutet »sehr schlecht – sehr wenig«. Innerhalb dieser extremen Positionen gibt es viele Zwischenpositionen. – Die Teilnehmer schließen die Augen und hören die Frage des Gruppenleiters (im Anschluß an diese Fragen können sie auch selber Fragen einbringen). Nun findet jeder Teilnehmer innerhalb einer Minute heraus, wohin er sich stellen wird. Auf ein Zeichen des Leiters hin öffnen alle Teilnehmer die Augen und beziehen die gefühlsmäßig erspürte Position. Dann schaut man sich um: Wo stehe ich und wo stehen die anderen?

Zur »Abstimmung mit den Füßen« bieten sich folgende Fragen an:

a) Wo stehe ich im Blick auf den Lernprozeß?
b) Wo stehe ich im Blick auf die Gruppe?
c) Wo stehe ich im Blick auf meine Beziehung zu mir selbst?
d) Weitere Fragen können den oben angeführten Einschätzungsskalen I und II entnommen oder spontan von der Gruppe entwickelt werden.

Im Anschluß an diese nonverbale Übung zum Feedback findet eine Aussprache statt.

*Einschätzungsskala II zum Lern- und Gruppenprozeß*

Datum:

Bitte keinen Namen angeben!

Bitte geben Sie auf den folgenden Skalen Ihre Einschätzung an, indem Sie ein Kreuz setzen:

| | | | | | | |
|---|---|---|---|---|---|---|
| 1. Kurs enthielt viel Neues | | | | | | Kurs enthielt viel Altbekanntes |
| 2. Kursorganisation war klar | | | | | | Kursorganisation war unklar |
| 3. Ich fühlte mich zu selbständigem Denken und Urteilen angeregt. | | | | | | Ich fühlte mich passiv und rezeptiv |
| 4. Die vermittelten Informationen waren für mich verständlich | | | | | | Die Informationen waren unverständlich |
| 5. Der Kurs hat mich nicht überanstrengt | | | | | | Der Kurs hat mich überanstrengt |
| 6. Der Kurs hat meine Erwartungen erfüllt | | | | | | Der Kurs hat meine Erwartungen nicht erfüllt |
| 7. Die Kursatmosphäre sagte mir zu | | | | | | Die Kursatmosphäre sagte mir nicht zu |
| 8. Der Kurs war hilfreich für die Verbesserung meines therapeutischen Verhaltens | | | | | | Der Kurs war nicht hilfreich für die Verbesserung meines therapeutischen Verhaltens |
| 9. Ich erlebte das Feedback der Gruppe konstruktiv | | | | | | Das Feedback der Gruppe belastete mich negativ |
| 10. Meine gefühlsmäßige Beziehung zum Kursleiter war:<br>warm<br>locker<br>frei<br>selbständig<br>offen | | | | | | Meine gefühlsmäßige Beziehung zum Kursleiter war:<br>kalt<br>gespannt<br>ängstlich<br>abhängig<br>verschlossen |
| 11. Ich habe den Kursleiter erlebt als:<br>zurückhaltend<br>engagiert<br>sicher<br>aktiv<br>warm | | | | | | Ich habe den Kursleiter erlebt als:<br>dominierend<br>unbeteiligt<br>unsicher<br>passiv<br>kalt |

12. Was erlebten Sie in diesem Kurs als besonders hilfreich?

13. Was erlebten Sie als gar nicht hilfreich?

14. Welche Anregungen und Wünsche haben Sie?

15. Andere Stellungnahmen:

*I. TEIL*

# Wichtige Verhaltensweisen des Therapeuten innerhalb der Gesprächspsychotherapie

## Vorbemerkungen zum Lernstoff des I. Teils

Der I. Teil des Lernprogramms bietet im 1. Kapitel eine praxisnahe Einführung in die klientenzentrierte (oder personzentrierte) Gesprächspsychotherapie. Die Kapitel 2 bis 6 handeln von Voraussetzungen der Gesprächspsychotherapie und führen in leichtverständlicher Form zum Hauptteil hin. Dieser umfaßt die Kapitel 7 bis 11 und lehrt vor allem die drei grundlegenden Verhaltensweisen (»Variablen«) der Gesprächspsychotherapie: Annehmen und Wertschätzen, Spiegelnde Methode (Verbalisierung emotionaler Erlebnisinhalte), Echtheit und Selbstkongruenz. Diese drei Variablen gehören engstens zusammen, müssen also vom Therapeuten gleichzeitig, gleich stark und gleich gut angeboten werden. Man kann sie vergleichen mit einem Stuhl, der auf drei Beinen steht: Alle drei Stuhlbeine müssen gleich lang und gleich stark sein; wenn das nicht der Fall ist, steht der Stuhl schräg und kann zusammenbrechen. Wenn der Therapeut nicht mit allen drei Variablen zugleich und gleich gut arbeitet, erzeugt er für sich selber und für den Klienten eine unsichere, nicht tragfähige Basis: Die therapeutische Beziehung liegt schief und kann leicht umkippen und zusammenbrechen.

## 1. Einführung in die Praxis der Gesprächspsychotherapie

### 1.1. Praktische Übung

Nachstehend folgt eine praktische Übung, damit Sie einen ersten Einblick bekommen in die Probleme, die auf Sie als Berater, Sozialarbeiter, Seelsorger oder Therapeut zukommen können, und damit Sie Ihr augenblickliches therapeutisches Verhalten und Können kennenlernen.

Sie finden Äußerungen vor, die Klienten im ersten Gesprächskontakt machten. Bitte suchen Sie dazu helfende Antworten und notieren Sie diese wörtlich. Beantworten Sie die Klientenäußerung 1, ohne vorher die folgende(n) Klientenäußerung(en) zu lesen. Für Ihre Überlegungen nehmen Sie sich nur so viel Zeit, wie Sie innerhalb eines wirklichen Gesprächs haben*.

*Aus dem Gesprächsprotokoll »Ehemann«:*

Kl. 1: (Ehemann, 38 Jahre, 1. Kontakt):
*Meine Frau macht mir Schwierigkeiten. An sich ist es weniger meine Frau, die mir Schwierigkeiten macht, als vielmehr meine Schwiegermutter. Das ist nämlich so: Wir haben, na, vor drei Jahren gebaut. Das Haus ist etwas groß geworden, das gebe ich zu* (3 Sek. Pause). *Also meine Schwiegermutter* (5 Sek. Pause), *sie konnte die Wohnung nicht halten, in der sie 19 Jahre lang lebte, sie ist jetzt im Altenheim. Na, ja, da möchte jetzt unbedingt meine Frau ihre Mutter zu uns in die Wohnung nehmen. Aber ich finde, das ist ja wirklich unmöglich* (starkes Anheben der Stimme).

Th. 1: ...

Kl. 2: *Ich werde da total überfahren. Jetzt stellen Sie sich das doch mal vor! Würden Sie gern mit Ihrer Schwiegermutter zusammen wohnen?*

Th. 2: ...

Kl. 3: *Meine Schwiegermutter ist eine richtige Klatschbase. Und* (3 Sek. Pause), *und die Kinder verwöhnt sie immer dermaßen* (starkes Anheben der Stimme).

Th. 3: ...

Kl. 4: *Ich werde ja total beiseite geschoben. Und die ganze Erziehung! Das eine Kind ist 12, das andere ist 4, und eins ist 6.*

Th. 4: ...

Kl. 5: *Und vor allen Dingen: Jetzt habe ich meine Frau endlich mal soweit geschafft, daß sie ein bißchen selbständig ist, und jetzt kommt wieder, kommt wieder ihre Mutter her, und dann ist meine Frau wieder das Kind, und dann beginnt wieder die alte Unterdrückung.*

Th. 5: ...

---

* Diese Übung gewinnt noch mehr Praxisnähe, wenn der Leiter der Lerngruppe die 1. Kl. vorliest; dann hat jeder Gruppenteilnehmer etwa eine Minute Zeit, um seine Antwort zu überlegen und niederzuschreiben; dann folgt die 2. Kl., die 3. Kl. usw.

(Kl. = Klientenäußerung, Th. = Therapeutenäußerung)

Kl. 6: *Ich weiß nicht, was ich da machen soll. Können Sie mir einen Rat geben?*

Th. 6: ...

Kl. 7: *Ich weiß auch nicht: Ich kann natürlich auch nicht direkt zu meiner Frau sagen: Das hat keinen Zweck. Ich möchte sie da nicht verletzen. Aber ich weiß nicht, auf welche angenehme Art und Weise ich, irgendwie, diese Schwiegermutter doch abschieben könnte. Das ist für mich wirklich ein Problem.*

Th. 7: ...

Kl. 8: *Ich meine, zur Zeit haben wir sowieso noch finanzielle Sorgen, und da möchte ich nicht auch noch damit kommen. Aber andererseits ist es so: Die Schwiegermutter hat ihre Wohnung im Altersheim schon gekündigt. Und sie muß jetzt da raus. Andererseits, gut, wir haben zwei Zimmer frei. Aber, lieber vermiete ich an eine, an so eine Kommune, aber an die Schwiegermutter nicht.*

Th. 8: ...

Kl. 9: *Ja, wie ist denn das, ich weiß ja nicht: Wenn ich nicht zurechtkomme mit meiner Frau, wäre es vielleicht möglich, daß ich sie mal mit hierher bringe, daß wir es hier bei Ihnen besprechen? Sie wissen vielleicht ein paar Argumente mehr als ich.*

Th. 9: ...

*Aus dem Gesprächsprotokoll »Braut«:*

Eine evangelische Mutter ist strikt dagegen, daß ihre 23jährige Tochter Betty wenige Monate nach Kennenlernen eines jungen Mannes (Henk, 28 Jahre, katholisch, einfachere Gesellschaftsschicht) zur katholischen Kirche überwechselt und diesen Mann heiratet. Aber genau das hat die Tochter, die bereits verlobt ist, im Auge. Die Mutter bittet den Gemeindepastor, in ihrem Sinne mit der Tochter zu sprechen. Die Tochter kommt freiwillig zu einem Gespräch.

Kl. 1: *Ja, ich hatte, ehrlich gesagt, auch schon einmal die Absicht, Sie anzugehen. Ja, es ist wohl eine schwierige Situation ...* (Kurze Pause, dann plötzlich erregt.) *Warum will Mutter mir auch immer alles vorschreiben? Warum darf ich nicht selbst entscheiden? Ich werde doch selbst wissen, ob ich katholisch oder etwas anderes werden will? Ich werde doch selbst wissen, wen ich heiraten will? Mutter braucht mir doch nicht alles vorzuschreiben?!*

Th. 1: …

Kl. 2: *Genau. Ehrlich gesagt habe ich mir noch nie so klargemacht, daß ich sie deswegen hassen könnte. Oh, natürlich meint sie alles nur gut, aber sie hat mir in meinem Leben alles vorschreiben wollen, und nun mache ich das nicht mehr mit. Ich wähle mir meinen Mann selbst, wenn ich heiraten will, und ich schließe mich der Kirche an, die ich will.*

Th. 2: …

Kl. 3: *Ja. Wissen Sie, schon vor ein paar Jahren wollte ich aus dem Hause und mir ein eigenes Zimmer mieten. Ich fühlte, daß das viel besser für mich gewesen wäre und auch für die ganze Situation zu Hause. Ich hatte das Gefühl, eigentlich nie so werden zu können, wie ich gern sein wollte, wenn ich bei meinen Eltern blieb. Jeden Tag gab es Spannungen und Reibereien. Aber denken Sie, daß meine Eltern einwilligten? Nirgendwo hast du es besser als bei deinen Eltern, sagten sie. Vor allem: Was werden die Leute sagen, wenn du dir in derselben Stadt ein Zimmer nimmst, in der auch deine Eltern wohnen? Diese Schande darfst du uns nicht antun! Aber jetzt habe ich endgültig genug davon! Ich will raus, ich will meine Freiheit!*

Th. 3: …

Kl. 4: *Ja, so ist es. Wissen Sie, ich glaube bestimmt, daß Vater und Mutter mich lieb haben, aber sie begreifen mich zu wenig. Manchmal kommen Mutter und ich auch ganz gut zusammen aus …* (Sie geht nun ausführlicher auf das Verhältnis mit ihren Eltern und auf die darin gelegenen Schwierigkeiten ein. Dann geht das Gespräch wie folgt weiter:)

Th. 4: …

Kl. 5: (Spricht jetzt ruhiger als im vorhergehenden Teil): *Ich glaube auch, daß ich viel ruhiger über meine Verlobung nachdenken könnte, wenn ich nicht mehr zu Hause wäre, und über die Frage, ob ich nun wirklich katholisch werden will.*

Th. 5: …

Kl. 6: *In der Tat. Vater und Mutter sind nun auf einmal so gut evangelisch und haben so viel Kritik an der katholischen Kirche. Das kann ich nicht ausstehen. Als ob die Katholiken nicht auch gute Christen sein könnten. Ich hasse die antikatholische Haltung von Mutter ... Aber was ich selbst möchte, das weiß ich eigentlich noch gar nicht ... Ich weiß nicht ... Ich bin wenig religiös erzogen worden und wäre vermutlich von mir aus evangelisch geblieben, wenn ich Henk nicht kennengelernt hätte. Ich gehe jetzt regelmäßig mit ihm zur katholischen Kirche und nehme an einer Art Katechumenen-Unterricht teil. Vieles in der katholischen Kirche fesselt mich... Aber ich komme mit mir selbst nicht ganz klar. Ich weiß es wirklich nicht... Jedenfalls wünsche ich hierbei keine Einmischung seitens meiner Mutter.*

Th. 6: ...

Kl. 7: *Ja ... und so ist es auch eigentlich mit Henk. Wenn ich manchmal etwas ruhiger darüber nachdenke, bin ich, ehrlich gesagt, auch nicht so sicher, ob wir so gut zusammenpassen. Henk sagt, er sei ganz sicher und will gern bald heiraten. Als ich mit meinen Eltern darüber sprechen wollte, waren sie sofort wütend dagegen und verweigerten mir ihre Zustimmung. Einen schrecklichen Krach hatten wir; und da dachte ich: dann sollt ihr auch merken, daß die Zeit vorbei ist, mir Vorschriften zu machen. Plötzlich ist dann alles sehr schnell gegangen – und in zwei Monaten werden wir verheiratet sein ...* (Stille) *Ehrlich gesagt hätte ich selbst lieber noch etwas gewartet, bis ich mehr Sicherheit gehabt hätte ... Henk hat auch so sehr gedängt ... zu sehr, denke ich manchmal.*

Th. 7: ...

Kl. 8: *Ja, wissen Sie, manchmal nimmt Henk auch wenig Rücksicht auf mich. Wenn er findet, daß wir uns genug lieben und daß wir im April heiraten können, dann muß das auch geschehen. Und er will dann nicht begreifen, daß es für mich anders liegt. Das kann mich manchmal zur Raserei bringen. Habe ich denn kein Recht, es auf meine eigene Weise zu erleben?*

Th. 8: ...

Kl. 9: *Ja ... Manchmal denke ich: Bin ich nun verrückt, daß ich auf diese Weise von einem Käfig in den anderen gehe? ... Ich will erst einmal Zeit haben, darüber nachzudenken ...* (Stille) *Ich werde heute abend Vater und Mutter einfach mitteilen, daß ich mir ein Zimmer nehme.*

*Ich frage sie nicht, ich frage Henk nicht, ich teile es ihnen mit. Und dann wollen wir einmal sehen, was wird.*

Th. 9: ...

*Nachbemerkung zur praktischen Übung*

Wenn Sie dieselbe Aufgabe nach Absolvierung des ganzen nachfolgenden Lernprogramms nochmals durchführen und diese Lösungsversuche mit Ihren jetzigen Lösungsansätzen vergleichen, haben Sie einigermaßen konkret vor Augen, was Sie haben lernen können (Lernkontrolle!).

Schon jetzt können Sie Ihre Antworten vergleichen mit den Lösungsversuchen, die erfahrene Therapeuten fanden. Auf diese Weise vermögen Sie herauszufinden, wo Sie im Augenblick stehen im Hinblick auf Ihre therapeutischen Möglichkeiten. Bitte lesen Sie die im Folgenden abgedruckten vollständigen Gesprächsprotokolle »Ehemann« und »Braut«, zunächst aber eine knappe theoretische Information.

## 1.2. Erstinformation über Gesprächspsychotherapie

Anhand eines »Informationsblattes zur Gesprächspsychotherapie« sowie einiger Gesprächsprotokolle wird nachfolgend in kurzer und praxisnaher Form ein Hauptteil dessen vorgestellt, was das vorliegende Lernprogramm in seinem 1. Teil bietet (weitere Lernziele sind dem Inhaltsverzeichnis zu entnehmen).

Diese Unterlagen können auch benützt werden, um Klienten einen ersten informativen Einblick in die Praxis der Gesprächspsychotherapie zu geben.

*Informationsblatt zur Gesprächspsychotherapie*

Nachstehend wird innerhalb einer allgemeinen Erstinformation die Methode der Gesprächsführung und Therapie vorgestellt, die von *Rogers* und *Tausch* entwickelt wurde und nach wissenschaftlichen Reihenuntersuchungen äußerst hilfreich sein kann.

*Was geschieht?*

Der Klient (Gesprächspartner, Ratsuchende) wird vom Therapeuten:
a) aufmerksam und geduldig angehört,
b) bedingungslos angenommen und ernstgenommen (mit allen seinen schwierigen Gedanken, negativen und positiven Gefühlen usw.),

c) mit Einfühlungsvermögen verstanden in seinen Erlebnissen und Wünschen, Emotionen und Triebregungen, so daß ein freies und offenes Reden möglich wird,
d) befähigt, sich selber und seine Umwelt besser wahrzunehmen und auf diese Weise neue und produktive Lösungen zu erkennen,
e) angeregt zu einer entspannten Haltung und Angstverminderung,
f) mit der Möglichkeit konfrontiert, seine Konflikte selber zu erkennen und zu lösen,
g) auf seinem Weg begleitet mit aktivem Bemühen und verantwortungsvollem Engagement,
h) vor die Möglichkeit gestellt, zu Selbstbejahung und Selbstvertrauen, zu Selbständigkeit und Freiheit zu finden.

*Was geschieht nicht?*

Der Klient wird vom Therapeuten:
a) nicht nach einem allgemeinen (psychologischen oder weltanschaulichen) Schema behandelt,
b) nicht ungeduldig und kurzschlüssig bedient,
c) nicht moralisch gewertet oder gar verurteilt,
d) nicht mit Hinweisen und Ratschlägen, Forderungen und Befehlen in die Enge getrieben.

Solches Vorgehen könnte nur zu oberflächlichen und kurzfristigen Lösungen führen, darüber hinaus würden Unterdrückung und Verdrängung, Abhängigkeit und Unfreiheit entstehen.

*Zum Verlauf der Gesprächspsychotherapie*

Im allgemeinen sind 10 bis 100 Gespräche nötig, um eine spürbare Besserung zu erreichen. Ein Gespräch dauert etwa 50 Minuten. In der Regel findet wöchentlich ein Kontakt statt.

Alle Gespräche werden auf Tonband aufgenommen und dann nochmals angehört (in einzelnen Fällen wird ein Kollege hinzugezogen, ohne daß er den Namen des Klienten erfährt). Auf diese Weise kann sich der Therapeut nochmals in die Aussagen des Klienten vertiefen und das eigene therapeutische Verhalten überprüfen. Nach jedem Gespräch füllt der Klient einen kurzen Stundenbegleitbogen aus und äußerst darin ganz offen seine Erfahrungen innerhalb der Therapie.

Was zwischen Klient und Therapeut geschieht, wird vom Therapeuten streng vertraulich behandelt.

Die Methode der Gesprächspsychotherapie erscheint manchen Menschen neu und ungewohnt. Sofern der Klient Bedenken hat, kann er darüber jederzeit mit seinem Therapeuten sprechen.

### 1.3. Drei Gesprächsprotokolle

*Gesprächsprotokoll »Ehemann«:*

Kl. 1: (Ehemann, 38 Jahre, 1. Kontakt): *Meine Frau macht mir Schwierigkeiten. An sich ist es weniger meine Frau, die mir Schwierigkeiten macht, als vielmehr meine Schwiegermutter* (Therapeut: *Ja, mhm). Das ist nämlich so: Wir haben, na, vor drei Jahren gebaut. Das Haus ist etwas groß geworden, das gebe ich zu* (3 Sek. Pause). *Also meine Schwiegermutter* (5 Sek. Pause), *sie konnte die Wohnung nicht halten, in der sie 19 Jahre lang lebte, sie ist jetzt im Altenheim* (Th: *Ja*). *Na, ja, da möchte jetzt unbedingt meine Frau ihre Mutter zu uns in die Wohnung nehmen. Aber ich finde, das ist ja wirklich unmöglich* (starkes Anheben der Stimme).

Th. 1: *Mhm, Sie haben Angst, daß Ihre Schwiegermutter zu Ihnen in die Wohnung zieht.*

Kl. 2: *Ich werde da total überfahren. Jetzt stellen Sie sich das doch mal vor! Würden Sie gern mit Ihrer Schwiegermutter zusammen wohnen?*

Th. 2: *Wenn Sie unterdrückt werden, geht es Ihnen schlecht. Sie möchten lieber nicht mit Ihrer Schwiegermutter zusammen leben.*

Kl. 3: *Meine Schwiegermutter ist eine richtige Klatschbase. Und* (3 Sek. Pause), *und die Kinder verwöhnt sie immer dermaßen* (starkes Anheben der Stimme).

Th. 3: *Das Verhalten Ihrer Schwiegermutter macht Ihnen Sorgen und viel Ärger.*

Kl. 4: *Ich werde ja total beiseite geschoben.* (Th.: *Mhm*). *Und die ganze Erziehung! Das eine Kind ist 12, das andere ist 4 und eins ist 6.*

Th. 4: *Sie befürchten, Ihre Rolle könnte sehr nebensächlich werden* (Kl.: *Ja*). *Und die Schwiegermutter könnte an Ihre Stelle treten, würde sich in Ihre Rolle hineindrängen. Und davor haben Sie Angst.*

Kl. 5: *Und vor allen Dingen: Jetzt habe ich meine Frau endlich mal soweit geschafft, daß sie ein bißchen selbständig ist, und jetzt kommt wieder, kommt wieder ihre Mutter her, und dann ist meine Frau wieder das Kind, und dann beginnt wieder die alte Unterdrückung.*

Th. 5: *Sie möchten also nicht, daß Ihre Frau wieder abhängig und unselbständig wird.*

Kl. 6: *Ich weiß nicht, was ich da machen soll. Können Sie mir einen Rat geben?*

Th. 6: *Irgendwie sind Sie da recht ratlos, Sie selber sehen im Moment keine Lösung.*

Kl. 7: *Ich weiß auch nicht. Ich kann natürlich auch nicht direkt zu meiner Frau sagen: Das hat keinen Zweck. Ich möchte sie da nicht verletzen. Aber ich weiß nicht, auf welche angenehme Art und Weise ich, irgendwie, diese Schwiegermutter doch abschieben könnte. Das ist für mich wirklich ein Problem.*

Th. 7: *Einerseits möchten Sie Ihre Schwiegermutter unbedingt loswerden, andererseits wollen Sie Ihre Frau nicht verletzen. Das ist so verwirrend, so unklar.*

Kl. 8: *Ich meine, zur Zeit haben wir sowieso noch finanzielle Sorgen, und da möchte ich nicht auch noch damit kommen. Aber andererseits ist es so: Die Schwiegermutter hat ihre Wohnung im Altersheim schon gekündigt. Und sie muß jetzt da raus. Andererseits, gut, wir haben zwei Zimmer frei. Aber, lieber vermiete ich an eine, an so eine Kommune, aber an die Schwiegermutter nicht.*

Th. 8: *Es wäre eine große Belastung für Sie, mit der Schwiegermutter zusammen zu wohnen* (Kl.: *Ja*). *Sie suchen jetzt nach einer anderen Lösung.*

Kl. 9: *Ja, wie ist denn das, ich weiß ja nicht: Wenn ich nicht zurechtkomme mit meiner Frau, wäre es vielleicht möglich, daß ich sie mal mit hierher bringe, daß wir es hier bei Ihnen besprechen? Sie wissen vielleicht ein paar Argumente mehr als ich.*

Th. 9: *Einerseits wollen Sie mit Ihrer Frau sprechen, aber Sie befürchten, daß Sie dabei unterliegen könnten.*

*Gesprächsprotokoll »Braut«: (Faber-Schoot 1968)*

Eine evangelische Mutter ist strikt dagegen, daß ihre 23jährige Tochter Betty wenige Monate nach Kennenlernen eines jungen Mannes (Henk, 28 Jahre, katholisch, einfachere Gesellschaftsschicht) zur katholischen Kirche überwechselt und diesen Mann heiratet. Aber genau das hat die Tochter, die bereits verlobt ist, im Auge. Die Mutter bittet den Gemeindepastor, in ihrem Sinne mit der Tochter zu sprechen. Die Tochter kommt freiwillig zu einem Gespräch.

Th. 1: *Sie wissen, daß dieses Gespräch durch den Umstand veranlaßt wurde, daß Ihre Mutter bei mir gewesen ist. Offensichtlich sind Sie auch selbst bereit, mit mir über Ihre Situation zu sprechen. Vielleicht können Sie ... selbst erst einmal etwas über die Dinge erzählen, um die es geht – soweit Sie darüber reden wollen?*

Kl. 1: *Ja, ich hatte, ehrlich gesagt, auch schon einmal die Absicht, Sie anzugehen. Ja, es ist wohl eine schwierige Situation ...* (Kurze Pause, dann plötzlich erregt.) *Warum will Mutter mir auch immer alles vorschreiben? Warum darf ich nicht selbst entscheiden? Ich werde doch selbst wissen, ob ich katholisch oder etwas anderes werden will? Ich werde doch selbst wissen, wen ich heiraten will? Mutter braucht mir doch nicht alles vorzuschreiben?!*

Th. 2: *Es kann Sie wütend machen, daß Ihre Mutter Ihnen nicht die Freiheit läßt, Ihren eigenen Weg zu finden.*

Kl. 2: *Genau. Ehrlich gesagt habe ich mir noch nie so klar gemacht, daß ich sie deswegen hassen könnte. Oh, natürlich meint sie alles nur gut, aber sie hat mir in meinem Leben alles vorschreiben wollen, und nun mache ich das nicht mehr mit. Ich wähle mir meinen Mann selbst, wenn ich heiraten will, und ich schließe mich der Kirche an, die ich will.*

Th. 3: *Sie sind jetzt fest entschlossen, selbst zu entscheiden und sich nichts mehr vorschreiben zu lassen.*

Kl. 3: *Ja. Wissen Sie, schon vor ein paar Jahren wollte ich aus dem Hause und mir ein eigenes Zimmer mieten. Ich fühlte, daß das viel besser für mich gewesen wäre und auch für die ganze Situation zu Hause. Ich hatte das Gefühl, eigentlich nie so werden zu können, wie ich gern sein wollte, wenn ich bei meinen Eltern blieb. Jeden Tag gab es Spannungen und Reibereien. Aber denken Sie, daß meine Eltern einwilligten? Nirgendwo hast du es besser als bei deinen Eltern, sagten sie. Vor allem: Was werden die Leute sagen, wenn du dir in derselben Stadt ein Zimmer nimmst, in der auch deine Eltern wohnen? Diese Schande darfst du uns nicht antun! Aber jetzt habe ich endgültig genug davon! Ich will raus, ich will meine Freiheit.*

Th. 4: *Sie empfinden es als Ihr wichtigstes Problem, daß Sie Ihr eigenes Leben führen möchten und dazu nicht die Möglichkeit haben, wenn Sie bei Ihren Eltern wohnen bleiben.*

Kl. 4: *Ja, so ist es. Wissen Sie, ich glaube bestimmt, daß Vater und Mutter mich lieb haben, aber sie begreifen mich zu wenig. Manchmal kommen Mutter und ich auch ganz gut zusammen aus* ... (Sie geht nun ausführlicher auf das Verhältnis mit ihren Eltern und auf die darin gelegenen Schwierigkeiten ein. Dann geht das Gespräch wie folgt weiter:)

Kl. 5: (Spricht jetzt ruhiger als im vorhergehenden Teil): *Ich glaube auch, daß ich viel ruhiger über meine Verlobung nachdenken könnte, wenn ich nicht mehr zu Hause wäre, und über die Frage, ob ich nun wirklich katholisch werden will.*

Th. 5: *Sie haben das Gefühl, daß Sie im Augenblick nicht die richtige Atmosphäre um sich haben, um zu einer verantwortlichen, eigenen Entscheidung kommen zu können.*

Kl. 6: *In der Tat. Vater und Mutter sind nun auf einmal so gut evangelisch und haben so viel Kritik an der katholischen Kirche. Das kann ich nicht ausstehen. Als ob die Katholiken nicht auch gute Christen sein könnten. Ich hasse die antikatholische Haltung von Mutter ... Aber was ich selbst möchte, das weiß ich eigentlich noch gar nicht ... Ich weiß nicht ... Ich bin wenig religiös erzogen worden und wäre vermutlich von mir aus evangelisch geblieben, wenn ich Henk nicht kennengelernt hätte. Ich gehe jetzt regelmäßig mit ihm zur katholischen Kirche und nehme an einer Art Katechumen-Unterricht teil. Vieles in der katholischen Kirche fesselt mich ... Aber ich komme mit mir selbst nicht ganz klar. Ich weiß es wirklich nicht ... Jedenfalls wünsche ich hierbei keine Einmischung seitens meiner Mutter.*

Th. 6: *Sie finden es unmöglich, daß Ihre Eltern Ihnen hierin Vorschriften machen wollen, aber Sie haben selbst nicht das Gefühl, die Sache zu übersehen und glauben, daß Sie Ihren eigenen Weg noch entdecken müssen.*

Kl. 7: *Ja ... und so ist es auch eigentlich mit Henk. Wenn ich manchmal etwas ruhiger darüber nachdenke, bin ich, ehrlich gesagt, auch nicht so sicher, ob wir so gut zusammenpassen. Henk sagt, er sei ganz sicher und will gern bald heiraten. Als ich mit meinen Eltern darüber sprechen wollte, waren sie sofort wütend dagegen und verweigerten mir ihre Zustimmung. Einen schrecklichen Krach hatten wir; und da dachte ich: Dann sollt ihr auch merken, daß die Zeit vorbei ist, mir Vorschriften zu machen. Plötzlich ist dann alles sehr schnell gegangen – und in zwei Monaten werden wir verheiratet sein ...* (Stille) *Ehrlich gesagt hätte ich selbst lieber noch etwas gewartet, bis ich mehr Sicherheit gehabt hätte ... Henk hat auch so sehr gedrängt ... Zu sehr, denke ich manchmal.*

Th. 7: *Sie haben das Gefühl, daß durch die Haltung Ihrer Eltern und durch Henks Drängen sich alles zu schnell entwickelt hat und daß Sie sich selbst noch unsicher fühlen im Hinblick auf die bevorstehende Heirat.*

Kl. 8: *Ja, wissen Sie, manchmal nimmt Henk auch wenig Rücksicht auf mich. Wenn er findet, daß wir uns genug lieben und daß wir im April heiraten können, dann muß das auch geschehen. Und er will dann nicht begreifen, daß es für mich anders liegt. Das kann mich manchmal zur Raserei bringen. Habe ich denn kein Recht, es auf meine eigene Weise zu erleben?*

Th. 8: *Sie erfahren es so, daß Henk Ihnen nicht genug Freiheit läßt, hierin eine eigene Entwicklung durchzumachen, und das nehmen Sie ihm manchmal sehr übel.*

Kl. 9: *Ja ... Manchmal denke ich: Bin ich nun verrückt, daß ich auf diese Weise von einem Käfig in den anderen gehe? ... Ich will erst einmal Zeit haben, darüber nachzudenken ...* (Stille) *Ich werde heute abend Vater und Mutter einfach mitteilen, daß ich mir ein Zimmer nehme. Ich frage sie nicht, ich frage Henk nicht, ich teile es ihnen mit. Und dann wollen wir einmal sehen, was wird.*

Th. 9: *Sie sehen jetzt, was Sie zunächst tun wollen* (Stille). *Wenn Sie gern möchten, daß wir in Kürze weiter darüber reden, können Sie mich anrufen.*

*Gesprächsprotokoll »Student« (Tausch 1970, 101–137)*

Kl. 1: (Student, 25 Jahre, unmittelbar nach der Begrüßung): *Es geht um folgendes – eh – ich habe eine ... Lehre gemacht, habe dann das Abitur nachgeholt, und wäre jetzt oder bin jetzt im 3. Semester im Hauptfach ... und – eh – habe mich im – zu Beginn dieses Semesters entschlossen – eh – umzusatteln, den einfacheren Weg zu wählen und Studienrat für ... zu werden. Jetzt fühle ich mich aber bei dieser Entscheidung nicht wohl, habe auch mit dem Gedanken gespielt, wieder zu meinem alten Hauptfach zurückzugehen, aber damit würde ich mich auch nicht mehr wohlfühlen. Jetzt weiß ich nicht, wie ich aus dieser Klemme herauskommen soll. Einerseits mache ich mir den Vorwurf, du nimmst den Studienrat nur, einmal, weil vielleicht hinterher das schöne Leben kommt, weil das Studium leichter ist, also du nicht mehr soviel zu tun brauchst. Eh – mal sehen – sind das die Gründe dafür, daß du es machst, bist du vielleicht zu faul, um etwas anderes zu tun. Aber, daß es nur Faulheit alleine ist, das glaube ich nicht.*

Th. 1: *Sie suchen nach den Gründen und fragen sich, was es bei Ihnen ist.*

Kl. 2: *Ja – denn rein vom – von – von der Anlage her müßte ich sagen, ist das Studium der ... das Gegebene für mich. Nur bin ich von der Persönlichkeit her nicht mehr bereit, so viel Energie und Kraft dareinzusetzen, um – vielleicht wollen wir es mal so sagen – ich möchte auch mal etwas leben! Denn ich habe das Gymnasium gemacht, in dieser Zeit habe ich nicht viel gehabt, in der Lehre habe ich schwer geschuftet.*

Th. 2: *Und das erscheint Ihnen fast zu schwer, noch sehr viel – lange Energie* (Kl. *Ja*) *hineinzustecken* (Kl. *Ja*).

Kl. 3: *Nun ist mir wohl als auch nicht wohl dabei.*

Th. 3: *Aber wenn Sie sich entscheiden, nicht mehr soviel hineinzustecken, dann ist Ihnen auch unwohl bei der Entscheidung.*

Kl. 4: *Ja, dann ist mir wieder unwohl, denn dann kommt es doch wieder so, wie es bisher war, dann – eh – reißt mich die Sache wieder plötzlich so mit, daß ich's doch wieder nach und nach wahrnehme.*

Th. 4: *Ja, von der Sache her fühlen Sie sich sehr angesprochen und befriedigt, und*

Kl. 5: *Nicht unbedingt – also diese – diese reine Wissenspaukerei, das gefällt mir nicht, also da bin ich ehrlich gestanden etwas enttäuscht, nicht? Wenn man sich mehr ableiten könnte und sowas, nicht, also – eh – da liegt vielleicht etwas, was mir nicht so ganz gefällt.*

Th. 5: *Das macht Ihnen Schwierigkeiten, und Sie hatten es sich anders vorgestellt.*

Kl. 6: *Ja, ich meine, ich war im Beruf nicht, aber – ich fühle mich im Moment überhaupt nicht wohl.*

Th. 6: *Auf einen Nenner gebracht: Sie fühlen sich absolut nicht wohl in Ihrer Haut.*

Kl. 20: (2. Kontakt): *Ja, ich hab' nun dieses Problem schon eine ganze Zeit, 2 Monate, und ich komme einfach nicht weiter.*

Th. 20: *Mhm.*

Kl. 21: *Ich weiß nicht, wie ich aus diesem Kreis rauskommen soll.*

Th. 21: *Sie sehen keine Möglichkeit, daß es sich irgendwie – daß Sie eine Lösung finden?*

Kl. 22: *Nein* – (kleine Pause) – *ja, das hängt auch mit meiner, sagen wir mal, Gemütsverfassung oder Gemütsstimmung zusammen. Mal bin ich entschlossen, wieder zur Biologie zu gehen und zu sagen: Gebt mir wieder einen Platz, ich mach' weiter. Eine Stunde darauf denke ich: Ach nein, es ist doch besser, wenn du's nicht machst.*

Th. 22: *Sie schwanken und wechseln da in Ihrer Einstellung?*

Kl. 23: *Ja. Stimmt! Ich schwanke hin und her.*

Kl. 40: (3. Kontakt): *Nach irgendwelchen Feiertagen kann ich mich durchaus wieder mit einem gewissen Elan in die Arbeit schmeißen, und dann komme ich auch vorwärts. Aber dienstags fängt's schon an, ich merke das schon, dann fängt es an abzuflauen, und die Arbeitslust sinkt, und Mittwoch bis Donnerstag-Mittag ist also der Tiefpunkt, und abends kann ich fast schon gar nicht mehr. Abends geht's einfach nicht mehr. Das ist ungefähr so, wenn ich das Lampenlicht anmache, dann setzt praktisch bei mir die letzte Lernfähigkeit aus. Dann döse ich nur über den Zeilen, dann lese ich zwar, ich fasse es nicht. – Ob es nun wirklich so vom rein Körperlichen her ist?*

Th. 40: *Sie zweifeln etwas, ob es dadurch bedingt ist?*

Kl. 41: *Ja. Vielleicht kann es auch sein, daß ich mich irgendwie immer wieder verkrampfe, während andere Menschen irgendwie die Möglichkeit haben, die Unlust mehr zu entspannen.*

Th. 41: *Sie vermuten, daß Ihre Verkrampfung, Ihr Kraftverbrauch, daß es Ihnen schwerfällt, gelöst zu sein?*

Kl. 42: *Ja! Ja! Wie – das also – mehr legerer machen, ja, das stimmt. Denn, wenn ich meine Arbeit mache, mache ich sie meistens sehr schnell, da muß es fix gehen, und ich kann es also nicht haben, irgendwie zu trödeln, das gefällt mir nicht. Es darf auch keine zu lange Arbeit sein, wenn ich eine Arbeit von 3 bis 4 Stunden habe, dann muß ich so fix machen, daß ich sie vielleicht schon mit 2 oder 3 Stunden fertig habe, das macht mir dann Spaß, so schnell zu machen, aber nach der Zeit bin ich wirklich körperlich fertig, bin ich müde.*

Th. 42: *Sie wollen besonders schnell und ohne Unterbrechung arbeiten, aber hinterher fühlen Sie sich herunter und erschöpft!?*

Kl. 60: (4. Kontakt): *Aber ob ich später wirklich wissenschaftlich arbeiten könnte, schöpferisch tätig, sagen wir mal, ob ich schöpferisch tätig sein könnte, das bezweifle ich. Denn, wenn ich irgendwie mir etwas schaffe, es ist – ich brauche Anstoß, ich brauche also ein Vorbild, das ich dann aber variieren kann, aber ich brauche das Vorbild. Ganz aus dem Nichts kommt bei mir nichts.*

Th. 60: *Ohne ein Vorbild zu leben, fällt Ihnen schwer oder Sie halten es für kaum möglich?!*

Kl. 61: *Ja, also ich bin – ich brauche also irgendwie so einen Leitfaden, oder ich brauche irgendeinen Menschen, an dem ich mich orientieren kann.*

Th. 61: *Sie spüren, daß Ihre eigene Person Ihnen noch nicht diese Orientierung gibt?*

Kl. 62: *Ja, ja, ja. Um es mal ganz kraß zu sagen: Ich habe von mir nicht das Gefühl, daß ich – eh – eine Persönlichkeit bin. ... –*

Kl. 70: *Werde ich mal was im Leben und Beruf, sollte mir was gelingen, was habe ich im Endeffekt davon? Ich bekomme natürlich irgendwie Geld oder so was, und ich werde berühmt, aber was ist wirklich da für ein Gewinn da, was habe ich davon, wenn mir die Leute sagen: Das ist ein –, der hat das und das gemacht; ich meine, ich bin dann wahrscheinlich stolz, aber was ist im Endeffekt davon da? Wenn ich 65 bin, werde ich abgeschoben.*

Th. 70: *Sie fühlen, daß das keine Werte sind, für die Sie arbeiten – letztlich arbeiten oder Ziele anstreben –*

Kl. 71: *Ja, mhm. Es ist auch etwas – mir fehlt auch noch etwas – eh – der Kontakt mit anderen Menschen. Ich kann mich nicht richtig unterhal-*

*ten. Das mag vielleicht auch daher kommen, daß ich zu ichbezogen bin und dann zu oft meine Sache mit in dieses Gespräch reinschiebe, nicht. Ich glaube jetzt sogar sicher, daß es der Grund dafür ist. Ich kann mich also wirklich nicht richtig unterhalten. Entweder – eh – es ist nicht schön zu sagen, aber entweder ziehe ich über irgend jemand her oder über eine Sache ziehe ich her, nicht?! Also das ist es dann auch, daß mir also, daß ich da nicht nüchtern über eine Sache reden kann. Das ist dann auch ichbezogen. Und es ist – ich meine, ich merke es auch, daß ich also kein echtes Gespräch führen kann. –* 13 Sek. Pause – – *Kommt allerhand raus, wenn ich so mal im Reden bin?!*

Th. 71: *Sie – verstehe ich Sie richtig, Sie sind fast etwas verwundert, daß –* (Kl. *Ja*) ...

Kl. 100: (Schlußkontakt, 7. Kont., 10 Wochen nach Psychotherapiebeginn): *Ja, ich glaube, es ist soweit, daß ich mich gefangen habe und in der Gewalt habe. Das einzige, was mir noch ein bißchen Kummer macht, ist, daß es mit dem Lernen noch nicht ganz so richtig klappt. Jetzt muß ich wieder so viele Bücher lesen, dann eine Prüfung vorbereiten; aber es ist nicht mehr gar so schlimm wie früher. Das rein theoretische Lernen, der Lernprozeß an sich, das läuft an, aber das ist nicht so richtig; ich glaube, daß ich mich allmählich da in die Gewalt bekomme.*

Th. 100: *Sie fühlen, daß die Schwierigkeiten zwar noch da sind, aber Ihnen nicht so zusetzen?*

Kl. 101: *Ja. Aber ich glaube, daß ich mich im großen und ganzen gefangen habe und ich jetzt in einigermaßen vernünftigem Fahrwasser schwimme und nicht mehr dieses dauernde Hin und Her und – –*

Th. 101: *Ist es so, daß Sie ruhiger geworden sind, weniger beunruhigt von Ihrem Weg?*

Kl. 102: *Ja, ja. Ich bin ruhiger geworden, und ich habe mich, sagen wir mal so, ich habe mich hineingepaßt, ich habe es akzeptiert, auch finanziell.*

Th. 102: *Sie bejahen den Weg jetzt, den Sie eingeschlagen haben, meinten Sie das?*

## 1.4 Literaturhinweise

Als Ergänzung zum 1. Teil dieses Lehrbuches wird auf folgende Literatur (in Auswahl) hingewiesen:

*Carl R. Rogers,* Entwicklung der Persönlichkeit, Stuttgart 1973

*Rheinhard Tausch,* Gesprächspsychotherapie, Göttingen 1973, 7. völlig neugestaltete Auflage 1979

*H. Bommert,* Grundlagen der Gesprächspsychotherapie, Stuttgart 1977

Gesellschaft für wissenschaftliche Gesprächspsychotherapie (Herausgeber), Die klientenzentrierte Gesprächspsychotherapie, München 1975

*D. G. Martin,* Gesprächspsychotherapie als Lernprozeß, Salzburg 1975

*W.-R. Minsel,* Praxis der Gesprächspsychotherapie, Graz 1974

*F. G. Pavel,* Die klientenzentrierte Therapie — Entwicklung, gegenwärtiger Stand, Fallbeispiele, München 1978

## 2. Gefahren und Laster der Gesprächsführung

Ehe Sie die nachfolgenden Informationen lesen, überlegen Sie bitte drei Minuten lang: Was sind die größten Gefahren der Gesprächsführung? Zu welchen Fehlhaltungen neigen Sie persönlich?

### 2.1. Lernimpuls

Die Gesprächsführung (in Beratung und Seelsorge, in Schule und Familie, im Einzel- und Gruppengespräch) leidet in der Regel unter ganz konkreten Gefahren und Belastungen, für die der Gesprächsleiter verantwortlich zeichnet. Dringend nötig ist, daß sich der Gesprächsleiter dieser belastenden Verhaltensweisen bewußt wird, sie als Laster erkennt und vermeidet. Wichtige Gesichtspunkte werden konkret in Form eines »Lasterkatalogs« aufgezählt. Der »Lasterkatalog« hat die Form von Thesen. In einzelnen schwerwiegenden Fällen werden die Thesen kurz begründet.

*Lasterkatalog*

a) Dirigieren, d. h. Ratschläge, Mahnungen oder Befehle aussprechen, fertige Lösungen vorlegen, zu Überredung und Manipulation greifen. Dieses Vorgehen ist fragwürdig: weil dahinter oft eine kurzschlüssige Abfertigung steht, weil der Therapeut höchst selten einen individuell maßgeschneiderten Rat finden kann, weil der Klient abhängig und unselbständig wird, weil die Gefühle, Gedanken und Lösungsversuche des Klienten mißachtet werden, weil im Klienten leicht Gefühle der Angst, des Widerstands und der Wut entstehen: Er fühlt sich weder verstanden noch angenommen.

b) Debattieren, d. h. Streitgespräche führen, rechthaberisch den eigenen Standpunkt vertreten (oft wird hier die Redewendung benützt »Ja, aber ...«).

c) Dogmatisieren, d. h. Aussagen von unanfragbarer Autorität verbreiten, »Lehrsätze« aus Theologie und Psychologie, »Lebenserfahrung« und »Volksweisheit«.

d) Diagnostizieren (in einseitiger Weise), das bedeutet hier: schnell und verallgemeinernd und endgültig eine Diagnose aussprechen, so daß der Klient seine individuelle Freiheit verliert und außerdem durch die Diagnose schockiert wird. Was mit Diagnostizieren genau gemeint ist und welche Gefahren dahinter lauern, wird ausführlich dargestellt im Kapitel »Wege zur Diagnose«.

e) Interpretieren (in einseitiger Weise), das bedeutet hier: eigenwillig und subjektiv auslegen, Dinge hineintragen oder herauslesen, die nicht wirklich angesprochen sind. Ein Interpretieren kann hilfreich sein, sofern es sich der Klient aneignen kann; am fruchtbarsten ist es, wenn er die Interpretation selber findet. Die Gefahr ist groß, daß der Therapeut einseitig oder verfrüht interpretiert, daß er eine unpassende Interpretation aufpfropfen will. Der Klient fühlt sich dann nicht verstanden, autoritär behandelt, ist verärgert und zieht sich zurück.

f) Generalisieren, d. h. ein allgemeines Schema anwenden und so die Allgemeinheit gegen das Individuum ausspielen; zu unzulässigen Verallgemeinerungen greifen (z. B. Wörter benützen wie »alles«, »immer«, »nie«).

g) Bagatellisieren, d. h. ein Problem oder Gefühl des Gesprächspartners herunterspielen und als geringfügig ansprechen. Die Gefahr des Bagatellisierens entsteht oft beim Trösten, Beruhigen und Ermutigen. Weil die Situation so bedrohlich aussieht (für Klient und Therapeut), möchte man sie herunterspielen. Der Klient fühlt sich nicht verstanden und von oben herab behandelt. Vgl. das Kapitel »Öffnung für Hoffnung und Mut«.

h) Moralisieren, d. h. negative oder positive Werturteile aussprechen. Wenn negative Werturteile ausgesprochen werden, entstehen folgende Gefahren: Der Klient fühlt sich minderwertig und verurteilt. Er bekommt Schuldgefühle und Angst. Entweder zieht er sich dann zurück und verdrängt negative Empfindungen, oder aber lehnt er sich auf und greift seinerseits zu negativer Kritik (unfruchtbarer Streit!). Werden positive Werturteile ausgesprochen (Lob!), entstehen ebenfalls Gefahren: Das Fehlen von Lob kann als stillschweigende Kritik verstanden werden. Der Klient vermutet, daß auf positives Urteilen bald auch negative Wertungen folgen. Er braucht ständiges Lob und wird so abhängig. Das positive Werturteil kann als Schmeichelei oder als Manipulation verstanden und insofern abgelehnt werden.

i) Monologisieren, d. h. viel und langatmig reden und dabei den anderen aus den Augen verlieren.

j) Emigrieren, d. h. innerlich oder äußerlich auswandern und abschalten, abwehren, gleichgültig sein.

k) Rationalisieren, d. h. in einseitiger Weise logisch – intellektuell vorgehen und dabei die Gefühlswelt mißachten. Der Klient reagiert auf Rationalisierungen leicht so: »Das weiß ich natürlich auch. Aber das ist nicht alles! Mein Therapeut versteht mich nicht ganz!« Noch größer ist die Gefahr, daß das Rationalisieren des Therapeuten den Klienten veranlaßt, selber immer mehr zu rationalisieren und sich so von seinen Gefühlen und seinem Unbewußten immer mehr abzuwenden.

l) Projizieren, d. h. eigene Erfahrungen, Gedanken und Gefühle auf den Gesprächspartner übertragen, von subjektiven Erfahrungen auf den anderen schließen.

m) Sich identifizieren (in einseitiger Weise), d. h. in der Welt des Partners aufgehen, die nötige Distanz und die Selbstkontrolle verlieren. Vgl. das Kapitel »Distanz und Nähe«.
n) Sich fixieren, d. h. sich selber auf bestimmte Rollen festlegen oder sich vom Gesprächspartner eine feste Rolle zuschieben lassen (z. B. die Rolle des allwissenden Beraters, des »Züngleins an der Waage«, der »trostreichen Mutter«).
o) Abstrahieren, d. h. abstrakt und allgemein reden, wissenschaftliche Fachsprache benützen. Vgl. das Kapitel »Abstraktion und Konkretion«.
p) Examinieren, d. h. ausfragen, zu viel fragen, aushorchen, verhören. Das Examinieren kann vom Klienten leicht als bohrende Neugier und als Einschränkung seiner Redefreiheit verstanden werden, – er wird sich wahrscheinlich zurückziehen. Wenn der Therapeut viele Fragen stellt, nimmt beim Klienten die Selbstbefragung und Selbsterkundung (Selbstexploration) ab. Dafür erwartet er, daß der Therapeut im Anschluß an sein ausführliches Fragen auch eine ausführliche Antwort liefert, – die Eigeninitiative des Klienten kommt also nicht zum Zug. Vgl. das Kapitel »Fragen des Therapeuten an den Klienten«.
q) Externalisieren, d. h. Randprobleme zur Sprache bringen und dem Gesprächspartner zurückspiegeln (z. B. partnerfremde Probleme, Äußerlichkeiten, gefühlsferne Themen).
r) Umfunktionalisieren, d. h. den Partner unterbrechen und das Gespräch gegen seinen Willen in eine bestimmte Richtung lenken (z. B. durch unmotiviertes Fragen). Ein Umfunktionieren führt zu Ablenkung und Verdrängung. Die echte Kommunikation bricht ab.
*Ergänzung:*

## 2.2. Praktische Übungen

### *Übung 1*

Bitte finden Sie heraus, welche fünf Punkte des »Lasterkatalogs« für Sie besonders bedeutsam sind, und beachten Sie in den nächsten Wochen speziell diese fünf Punkte. Nachdem diese integriert sind, nehmen Sie weitere Punkte hinzu.

### *Übung 2*

Definieren Sie bitte, welche Gefahren und Laster hinter folgenden weitverbreiteten Redensarten stehen (Sie kennen sicherlich noch andere Redensunarten!):

a) So schlimm ist doch Ihr Schicksal gar nicht. Andere müssen noch viel mehr ertragen.
b) Sie lassen sich von jedem kleinen Schicksalsschlag aus der Fassung bringen.

c) Ich meine, daß Sie zu viel jammern und zu viel schimpfen.
d) Wenn Sie sich wirklich angestrengt hätte, wäre es nicht so weit gekommen.
e) Ich habe schon Schlimmeres erlebt.
f) Es wird schon wieder werden. Nach Regen kommt wieder Sonnenschein. Auf jeden Dezember folgt wieder ein Mai!
g) Wen Gott liebt, den züchtigt er.
h) Immer wenn du meinst, es geht nicht mehr, kommt von irgendwo ein Lichtlein her.
i) Lerne leiden, ohne zu klagen.
k) Sehen Sie doch nicht nur auf die Schattenseiten Ihres Lebens! Es gibt doch auch Licht und Freude, – man muß das nur entdecken.
l) Kopf hoch, wenn das Wasser bis zum Halse steht.
m) Nimm das Kreuz geduldig auf dich! Wer weiß, wozu es gut ist.
n) Nur nicht die Hoffnung aufgeben!
o) Andere Menschen sind nicht so verzagt und verbittert, sie geben den Kampf nicht so schnell auf.
p) Allen Gewalten zum Trutz sich erhalten, rufet die Arme der Götter herbei.

*Übung 3*

Bitte beurteilen Sie die folgenden Antworten aus dem Gespräch eines Seelsorgers danach, ob sie (a) generalisierend, (b) moralisierend, (c) diagnostizierend, (d) dogmatisierend, (e) interpretierend, (f) nur Äußerlichkeiten und Nebensachen verbalisierend sind. Schreiben Sie den betreffenden Buchstaben hinter die verschiedenen Antworten; entscheiden Sie sich jeweils für den Buchstaben, der am stärksten zum Zuge kommt (*Faber-Schoot* 1968).

1. Frau (69 Jahre): *Ich hoffe nicht, daß Sie mich albern finden, Herr Pfarrer, wenn ich Ihnen erzähle, was mich bedrückt*
   a) *Viele Menschen haben Angst, ihre Probleme könnten albern gefunden werden* ○
   b) *Menschen in Ihrem Alter brauchen doch keine Angst mehr zu haben, ihre Nöte offen auszusprechen* ○
2. *Ich komme damit nicht zurecht ... Ich kann nicht darüber hinwegkommen, daß mein Bruder gestorben ist ...*
   *a) Ist dies nicht ein Zeichen dafür, wie tief Gott die Bande der Liebe in Menschenherzen legt?* ○
   b) *Es gibt viele Menschen, die an diesem Punkt Schwierigkeiten haben* ○
   c) *Das ist vielleicht ein Charakterzug von Ihnen, daß Sie Menschen, die eine Rolle in Ihrem Leben spielen, schwer loslassen können* ○

d) *Nach einem Jahr müssen wir doch versuchen, uns auch wieder anderen Dingen zuzuwenden* ○

3. *Es ist, als ob das Leben keinen Sinn mehr hat ...*
   a) *Ob es nicht besser wäre, wenn Sie sich nicht zu viel mit der Vergangenheit beschäftigten* ○
   b) *Gott ist ein Gott der Lebenden, nicht der Toten* ○
   c) *Das scheint mir ein Zeichen dafür zu sein, daß Sie sich zuviel mit sich selbst beschäftigen* ○
   d) *Solche Gedanken kommen einem oft nach einem Todesfall* ○
4. *Wenn man nach Hause kommt, fällt die Leere immer wieder auf einen ...*
   a) *Häuser können, wenn jemand, den man geliebt hat, nicht mehr da ist, solch einen leeren Eindruck machen* ○
   b) *Das kommt, scheint mir, weil Sie mit Ihren Gedanken zuviel bei Ihrem Bruder sind* ○
   c) *Sie müssen versuchen, etwas tapfer zu sein* ○
5. *Ist das Sünde, Herr Pfarrer, wenn man so etwas sagt?*
   a) *Sie haben das Gefühl, gegen sich selbst kämpfen zu müssen und haben Angst, dabei in Sünde verstrickt zu werden* ○
   b) *Es gibt Menschen, die machen in dieser Frage einen Unterschied zwischen Eigenliebe und Sünde* ○
   c) *Menschen, die Kummer haben wie Sie, müssen nicht zu schnell das Wort Sünde gebrauchen* ○
   d) *Solche Fragen kommen oft bei Menschen auf, die durch großes Leid getroffen sind* ○

### *Übung 4*

Im folgenden (*Faber-Schoot*) sind zu vier Klientenäußerungen je acht verschiedene Erwiderungen abgedruckt. Bitte beurteilen Sie jede dieser Erwiderungen mit einer der Ziffern 1–6 (Ziffer 1 = sehr gut, Ziffer 6 = sehr schlecht). Welche Gefahren und Laster stehen hinter diesen Erwiderungen?

Eine Frau hat telefonisch um eine Unterredung mit ihrem Gemeindepfarrer gebeten. Sie betritt das Amtszimmer mit den Worten: (Kl. = Klientin, E. = Erwiderung)

Kl.: *Herr Pfarrer, ich hoffe, daß ich Sie nicht störe. Ich weiß, daß Sie viel zu tun haben!*

E. 1: *Ich bin in der Tat recht beschäftigt, aber nehmen Sie nur Platz.* 1 2 3 4 5 6

| | | |
|---|---|---|
| E. 2: | *Sie wissen nicht recht, ob Sie mit Ihren Fragen jemand aufsuchen sollen, von dem Sie vermuten, daß er viel zu tun hat.* | 1 2 3 4 5 6 |
| E. 3: | *Ach, so schlimm ist's auch wieder nicht.* | 1 2 3 4 5 6 |
| E. 4: | *Wir wollen uns nicht lange bei Vorreden aufhalten. Sie haben sich telefonisch angemeldet. Wo drückt der Schuh?* | 1 2 3 4 5 6 |
| E. 5: | *Ich habe mir diese Stunde für Sie freigehalten. Wir haben also Zeit, um ruhig miteinander zu reden.* | 1 2 3 4 5 6 |
| E. 6: | *Ich scheine ein schlechter Pastor zu sein; ich höre diese Bemerkung jeden Tag ein- oder zweimal.* | 1 2 3 4 5 6 |
| E. 7: | *Sie wissen nicht recht, ob Sie die Zeit eines Pfarrers beanspruchen dürfen.* | 1 2 3 4 5 6 |
| E. 8: | *Kommen Sie, setzen Sie sich erst einmal hin. Wir haben jetzt genügend Zeit, um ungestört miteinander zu sprechen.* | 1 2 3 4 5 6 |

| | | |
|---|---|---|
| Kl.: | *Ich habe da ein schwieriges Problem, ich weiß eigentlich gar nicht, wie ich es erzählen soll.* | |
| E. 1: | *Darf ich Sie fragen: Haben Sie vielleicht Probleme mit Ihren Kindern?* | 1 2 3 4 5 6 |
| E. 2: | *Lassen Sie sich ruhig Zeit.* | 1 2 3 4 5 6 |
| E. 3: | *Sie finden es schwierig, es zu sagen.* | 1 2 3 4 5 6 |
| E. 4: | (Der Pfarrer schweigt) | 1 2 3 4 5 6 |
| E. 5: | *Meiner Erfahrung nach geht es meistens von selbst, wenn man einmal im Erzählen ist. Ich würde also vorschlagen, daß Sie einfach anfangen!* | 1 2 3 4 5 6 |
| E. 6: | *Sie wissen nicht, wie Sie anfangen sollen.* | 1 2 3 4 5 6 |
| E. 7: | *Zu mir können Sie doch Vertrauen haben!* | 1 2 3 4 5 6 |
| E. 8: | *Sagen Sie es in einem Satz.* | 1 2 3 4 5 6 |

| | | |
|---|---|---|
| Kl.: | *Ich habe entdeckt, daß mein Mann schon seit zwei Jahren ein Verhältnis mit seiner Sekretärin hat. Was sagen Sie dazu?* | |
| E. 1: | *Sie sind sehr erschrocken über diese Entdeckung.* | 1 2 3 4 5 6 |
| E. 2: | *Na, in Ihrer Haut möchte ich jetzt nicht stecken!* | 1 2 3 4 5 6 |
| E. 3: | *Was wollen Sie jetzt von mir hören?* | 1 2 3 4 5 6 |
| E. 4: | *O, wie schlimm!* | 1 2 3 4 5 6 |
| E. 5: | *Wann haben Sie denn das entdeckt?* | 1 2 3 4 5 6 |

| | | |
|---|---|---|
| E. 6: | *Sie haben das Gefühl, daß Sie vor einer Situation stehen, die fast zuviel für Sie ist.* | 1 2 3 4 5 6 |
| E. 7: | *Ich finde das schlecht von Ihrem Mann.* | 1 2 3 4 5 6 |
| E. 8: | *Ich kenne die näheren Beweggründe Ihres Mannes nicht, aber als Geistlicher muß ich sagen: Sein Verhalten geht gegen die göttliche Schöpfungsordnung!* | 1 2 3 4 5 6 |

Ein Pfarrer macht einen Klinikbesuch bei einem Patienten, der an einer unheilbaren Krankheit leidet. Der Patient ahnt den Sachverhalt, ohne Genaueres zu wissen, und fragt nach der Begrüßung den Pfarrer:

| | | |
|---|---|---|
| Kl.: | *Herr Pfarrer, sagen Sie mir: Muß ich sterben?* | |
| E. 1: | *Selbstverständlich müssen Sie sterben, wir müssen alle sterben!* | 1 2 3 4 5 6 |
| E. 2: | *Und wenn es so wäre?* | 1 2 3 4 5 6 |
| E. 3: | *Warum fragen Sie das?* | 1 2 3 4 5 6 |
| E. 4: | *Soweit ich den Arzt verstanden habe, bleibt Ihnen nur noch wenig Zeit.* | 1 2 3 4 5 6 |
| E. 5: | *Die Frage Ihres Todes beschäftigt Sie wohl sehr!* | 1 2 3 4 5 6 |
| E. 6: | *Eigentlich sollte man als Christ immer auf das Sterben vorbereitet sein.* | 1 2 3 4 5 6 |
| E. 7: | *Sie haben über diese Fragen in letzter Zeit viel nachgedacht.* | 1 2 3 4 5 6 |
| E. 8: | *Nun machen Sie sich doch darüber keine Sorgen – denken Sie lieber ans Gesundwerden!* | 1 2 3 4 5 6 |

### *Übung 5*

Nehmen Sie die Therapeutenäußerung zur Hand, die Sie selber anhand der Gesprächsprotokolle »Braut« und »Ehemann« gefunden und notiert haben (vgl. 1. Kapitel). Prüfen Sie anhand des »Lasterkatalogs«, inwieweit Sie Fehler machten. Zu welchen »Lastern« neigen Sie besonders häufig?

### *Übung 6*

Lesen Sie bitte die drei vollständig dargebotenen Gesprächsprotokolle »Braut«, »Ehemann« und »Student«. Sie finden hier praktische Beispiele dafür, daß eine Gesprächsführung möglich und hilfreich ist, die auf sämtliche Elemente des »Lasterkatalogs« verzichtet (vgl. 1. Kapitel).

*Übung 7*

Suchen Sie zu der nachstehenden Klientenäußerung die 18 Antworttypen, die im Sinne des »Lasterkatalogs« falsch sind:

*Situation:* Eine geschiedene Frau, berufstätig, Alter 42 Jahre, berichtet über ihre Schwierigkeiten im Betrieb. Sie arbeitet in einer Abteilung mit vier jüngeren Kollegen zusammen. Ihr Vorgesetzter, obwohl verheiratet, unternahm deutliche Annährungsversuche. Die Frau lehnte entschieden ab. Die Folge war ständige Nörgelei und Kritik an ihrer Arbeit. Sie erklärt gegenüber dem Therapeuten:

*Wie soll ich mich diesem Mann gegenüber verhalten? Ich stehe am Rande eines Nervenzusammenbruchs.*

*Übung 8*

Wollen Sie vor und nach den Gesprächen, die Sie in Zukunft führen, immer wieder diesen »Lasterkatalog« vornehmen und auf diese Weise sich selber kontrollieren?

*Übung 9*

Wollen Sie in vier Wochen einmal prüfen, wieviel Punkte des »Lasterkatalogs« Ihnen schnell einfallen? Sie haben nur das wirklich gelernt und im Ernstfall gegenwärtig, was Ihnen jederzeit und schnell einfällt.

## 3. Von Selbstwahrnehmung und Selbstkontrolle

### 3.1. Lernimpuls

Das helfende Gespräch verlangt ein hohes Maß an Selbstwahrnehmung und Selbstkontrolle. Als Berater oder Therapeut, Sozialarbeiter oder Seelsorger versuche ich, mir die äußeren und inneren Einflüsse und Gefühle, unter denen ich momentan und grundsätzlich stehe, weitmöglichst bewußt zu machen. Im Anschluß an die Bewußtmachung prüfe ich, inwieweit ich diese Einflüsse und Gefühle eindämmen oder sinnvoll integrieren kann, so daß sie das Gespräch mit dem Klienten möglichst wenig stören.
*Ergänzung:*

### 3.2. Begründung

Ich muß mein Hören und Sehen, mein Denken und Fühlen ganz auf den Gesprächspartner konzentrieren, auf diesen »Sender« einstellen und Nebensender und Nebengeräusche weitgehend ausschalten, weil sie mich am genauen Hinhören hindern und die Kommunikation verfälschen.

Damit ich die Situation und den Konflikt des Partners deutlich wahrnehmen kann, muß ich meine eigene (konfliktreiche oder konfliktarme) Situation bewußt sehen und verarbeiten. Auf dieser Weise besteht die Möglichkeit, daß ich die eigene Situation nicht vermische mit der meines Partners, daß ich also meine Gedanken und Gefühle nicht projiziere.
*Ergänzung:*

### 3.3. Kritische Reflexion

Ich rechne damit, daß ich das gesteckte Ziel trotz persönlicher Anstrengung und systematischer Schulung nicht ganz erreiche, — das vorliegende Kapitel gibt nur einige Impulse, auch die nachfolgenden Kapitel können nur wenige wichtige Anstöße vermitteln; auch nach einer fachmännisch durchgeführten Selbstanalyse oder dem intensiven Engagement in einer Selbsterfahrungsgruppe bleiben Lücken in der Selbstwahrnehmung und Selbstkontrolle. Es dürfte eine lebenslange Aufgabe sein, sich selber genau wahrzunehmen und ganz anzunehmen und sich dann im Gespräch mit den Klienten zurückzunehmen.
*Ergänzung:*

## 3.4. Konkretion

a) Ich praktiziere eine permanente und systematische Selbstbeobachtung und Selbstwahrnehmung, Selbstkontrolle und Selbstkritik, wobei es konkret um die Bewußtwerdung der Gefühle und Einstellungen geht, die mich prägen. Ich frage mich, »was ich nicht bin, nicht habe, nicht will, ... und was ich möchte, was ich habe und was ich bin« (Peter Handtke). Diese Bewußtwerdung ist die Voraussetzung für eine positive Veränderung des therapeutischen Verhaltens.
b) Systematische Selbstkontrolle setzt voraus, daß der Therapeut regelmäßig genaue Gesprächskontrolle (Verbatims) abfaßt oder Tonbandaufnahmen macht.
c) Selbstwahrnehmung und Selbstkontrolle (im Blick auf therapeutisches Verhalten) lassen sich so erreichen:

- Teilnahme an einer Selbsterfahrungsgruppe,
- Teilnahme an einer Fallbesprechungsgruppe (Balintgruppe),
- Einzelsupervision (ein als Supervisor anerkannter Therapeut analysiert gemeinsam mit dem Therapeuten dessen Gespräche),
- Regelmäßiger Erfahrungsaustausch mit Kollegen,
- Der Therapeut unterzieht sich einem lebenslangen Lernen in Theorie und Praxis: Er konfrontiert sich z. B. immer wieder mit den Informationen dieses Lehrbuchs, er liest viele andere Bücher und besucht Kurse, er überprüft ständig seine Praxis (selbstkritische Reflexion nach therapeutischen Gesprächen, selbständiges Abhören von Tonbandaufnahmen, usw.).

d) Selbstkontrolle führt oftmals zu Selbstkritik, hat aber auch eine positive, lustbetonte Zielrichtung und dient der Psychohygiene des Therapeuten: »Deshalb beginne ich meine Arbeit immer mit zwei Vorsätzen: Ich will auf mich selbst achten, und es soll mir Vergnügen machen« (Sheldon B. Kopp).
Wie es weiterhin zu Selbstwahrnehmung und Selbstkontrolle kommen kann, zeigen die nachfolgenden praktischen Übungen (sowie viele Übungen aus anderen Kapiteln dieses Buches). Diese Übungen haben nur eine klärende Wirkung, wenn sie öfters praktiziert werden.
*Ergänzung:*

## 3.5. Praktische Übungen

Zur Selbsterfahrung, Selbstwahrnehmung, Selbstkontrolle trägt es bei, wenn man häufig eine allgemeine und eine gezielte Momentaufnahme zur eigenen Person macht.

Die *»Allgemeine Momentaufnahme zur eigenen Person«* sieht so aus: Notieren Sie bitte ale Einfälle und Assoziationen (auch ganz ausgefallene Gefühle und Gedanken!), die Ihnen in den nächsten fünf Minuten kommen! Schreiben Sie Ihre Einfälle stichwortartig auf, ungeordnet und unreflektiert!

Die *»Gezielte Momentaufnahme zur eigenen Person«* richtet sich gezielt auf die Gedanken und Gefühle, die in der Begegnung mit einer Person oder mit einem bestimmten und klar umrissenen Thema entstehen. Im Rahmen dieses Buches heißt die Aufgabe: Notieren Sie bitte alle (auch ausgefallene!) Einfälle und Assoziationen, die Sie in der Begegnung mit einer Lerneinheit (einem ganzen Kapitel, einem Kapitelauszug, einer praktischen Übung) haben und Ihnen in den nächsten fünf Minuten einfallen! Schreiben Sie Ihre Einfälle stichwortartig auf in der Reihenfolge, wie sie kommen!

Zur Vertiefung dieser Übung trägt es bei, wenn sie innerhalb einer Gruppe (Lerngruppe) gemacht wird: Einzelne Gruppenmitglieder sprechen dann (wenigstens teilweise) aus, was sie wahrgenommen und aufgeschrieben haben.

Was ist das Ziel der allgemeinen und der gezielten Momentaufnahme zur eigenen Person? Ernst Penzoldt beschreibt es in einer seiner Erzählungen so: »Meine geheimsten Gedanken will ich aufschreiben ... Es sind die Gedankenkinder, die noch nicht durch die Kinderstube des Anstandes und die Besserungsanstalt der Vernunft gegangen sind, die enfants terribles, die noch ungekämmten, unfrisierten Gedanken. Manchmal erschrecken sie mich ... Aber es hilft nichts, sie fortzulügen. Ich will sie wahrhaben. Vielleicht sind sie mein wahres Ich, mein eigentliches Selbst« (*Penzoldt* 1974).

Ziel dieser Übung ist es, daß man sich seiner Gedanken und vor allem seiner Gefühle deutlicher bewußt wird, ihre verwirrende Vielfalt, ihre Verästelungen und Verschränkungen einigermaßen überschauen lernt. Durch das Niederschreiben, noch mehr aber durch ein Aussprechen innerhalb einer Gruppe werden Gedanken und Gefühle genauer umrissen und greifbar, sie werden ein Stück weit objektiviert, man setzt sie aus sich heraus, dabei kann es zu Entspannung und Entlastung kommen. Insgesamt werden bei dieser Übung die Empfangsorgane für eigene und fremde Gefühle und Gedanken geschärft, es kommt zu einer Sensibilisierung, die für eine Kommunikation mit sich selber, mit einem anderen Menschen und einem Sachthema wichtig ist.

Situationen, in denen diese Übung fruchtbar eingesetzt werden kann (allein oder in der Gruppe):

a) Vor oder nach der Bearbeitung eines Kapitels aus diesem Buch,
b) Während einer Gruppensitzung (etwa wenn Spannungen auftreten),
c) Vor und/oder nach dem Gespräch mit einem Klienten (überhaupt anläßlich einer schwierigen Aufgabe oder angesichts von ambivalenten Gefühlen),
d) Am Anfang oder Ende eines (Arbeits-)Tages.

Bitte machen Sie einige Zeit lang täglich eine »*Allgemeine Momentaufnahme zur eigenen Person*« und erproben Sie auf diese Weise, was Ihnen diese Übung einbringt.

Bitte machen Sie während der Bearbeitung der folgenden Kapitel öfters eine »*Gezielte Momentaufnahme zur eigenen Person*«. Als Ausgangspunkt eignet sich die Frage: Welche positiven und negativen Erfahrung haben Sie in der Begegnung mit dem Lernstoff?

Eine Variation der Übung besteht darin, daß die Lerngruppe etwa fünf Minuten lang ein Musikstück (Schallplatte) anhört und dabei alle Einfälle und Empfindungen notiert, die kommen. Am besten wird abstrakte, unbekannte, fremdartige Musik verwendet, so daß recht unterschiedliche Assoziationen auftauchen können; in der Regel wird man das Musikstück zweimal hintereinander vorspielen.

## 4. Partnerschaftliches Verhalten und Toleranz

### 4.1. Lernimpuls

Ich verhalte mich als Sozialarbeiter oder Seelsorger, als Berater oder Therapeut partnerschaftlich und tolerant, d. h. ich setze weder mich noch meine Maßstäbe absolut (obwohl ich persönlich feste Maßstäbe haben kann). Ich praktiziere eine demokratisch-freiheitliche Haltung, d. h. ich vermeide den autoritär-dirigistischen Führungsstil ebenso wie die Haltung des »Laissez faire« (»halt laufen lassen«).

*Ergänzung:*

### 4.2. Begründung

Die partnerschaftliche Haltung bewahrt vor besserwisserischer Selbstüberschätzung und vor übersteigertem Verantwortungsgefühl (als ob ich allein für alles verantwortlich wäre). Indem ich partnerschaftlich und tolerant bin, akzeptiere ich die Andersartigkeit des anderen und den Pluralismus unserer Zeit und Menschheit. Ich akzeptiere, daß ich für meinen Partner nur ein Partner unter anderen bin, daß er noch andere Partner und Prägungen hat (z. B. Verwandte, Freunde, bürgerliche und christliche Gemeinde, persönliche Anlagen und Lebensgeschichte).

Meine partnerschaftliche Grundeinstellung ermöglicht dem Partner eine freie und selbständige Entscheidung, eröffnet Reifung als Mensch. Eine autoritär-dirigistische Führung (Drängen und Zwängen) entmündigt, erniedrigt und depersonalisiert den Partner und hält ihn in der Abhängigkeit fest; außerdem ist die Einflußnahme nur oberflächlich und zeitlich begrenzt. Den anderen einfach sich selbst zu überlassen (»laissez faire«), bringt ihn in der Regel nicht weiter und dokumentiert Gleichgültigkeit.

*Ergänzung:*

### 4.3. Kritische Reflexion

Partnerschaft erreicht ihre Grenze dort, wo mein Partner in unmittelbare Gefahr gerät (die Mutter reißt ihr Kind gewaltsam vor einem heranfahrenden Auto zurück), wo er vorübergehend seine Selbständigkeit und Mündigkeit verliert (etwa wegen psychophysischer Erschöpfung) oder aufgrund einer fixierten Persönlichkeitsstruktur überhaupt keine volle Selbständigkeit erreichen kann. Man kann zwei Hauptmöglichkeiten unterscheiden:

a) Einen Schritt (oder mehrere) mitgehen und kurzfristig *begleiten* (Begleitung kann kurzfristig Führungselemente enthalten),

b) Ein Leben lang *führen.*

Tolerant sein bedeutet nicht, daß ich grenzenlos liberal und ohne feste Maßstäbe bin und den Partner einem unumschränkten gestaltlosen Pluralismus überlasse. Toleranz muß verantwortlich sein und unterscheidet sich von der Einstellung des »laissez-faire«.

Der Umgang mit Demokratie und Freiheit muß vom Therapeuten und von seinem Partner gelernt werden und fällt oftmals schwerer als ein autoritäres Miteinander-Umgehen. Aufgrund von Erziehung und Gewöhnung neigen oft beide zu autoritärer Haltung. Der Therapeut hat eine Tendenz zur Machtübernahme, der Klient tendiert zu der frühkindlichen Haltung, sich füttern und führen zu lassen. Pointiert läßt sich sagen: »Je öfter der Therapeut eingreift, mitredet, Erläuterungen und Informationen gibt, desto mehr fördert er zwar oberflächliche Zufriedenheit und Geborgenheit, aber auch Verantwortungslosigkeit und Abhängigkeit« (*Stollberg* 1971).

Man unterscheide zwischen einer angemaßten autoritären Haltung und der Autorität, die von Sachzwängen (z. B. Information), persönlicher Ausstrahlung und humanen Normen ausgehen kann.

*Ergänzung:*

## 4.4. Konkretion

a) Ich stelle keine Behauptungen auf, ohne sie zu begründen und so einsichtig zu machen (Sachautorität!).

b) Ich ermutige den Partner zu Widerspruch und Kritik gegenüber meinen Aussagen und meiner Person und aktiviere so Selbstwertgefühl und Eigeninitiative. Möglich sind Sätze wie: »Sie haben Freiheit und Recht zu Kritik und Widerspruch. Sie können ganz offen sein.«.

c) Ich antworte tolerant, also weder autoritär noch »scheißliberal«. Überredung und Suggestion sind zu vermeiden, überhaupt jegliches Drängen und Zwängen.

d) Ich finde gemeinsam mit dem Partner heraus, welches Maß an Partnerschaft er momentan braucht. Die vom Partner auf mich projizierte Autorität (der Wunsch nach Führung zeigt sich oft so: »Was raten Sie mir? Was soll ich tun?«) ist stufenweise abzubauen, etwa mit der Überlegung: »Ihr Wunsch nach väterlicher Führung (Geborgenheit) ist verständlich, aber vielleicht gehört ein Stück Unsicherheit und Angst zum Leben?« »Die Lösung finden wir wohl am besten durch gemeinsame Anstrengung.«

e) Verbale Formulierungen, die Partnerschaft und Toleranz ausdrücken können:
»Sie können meine Antwort ganz oder teilweise gar nicht akzeptieren, – ich bin Ihr Partner und nicht Ihr Chef oder Diktator.«
»Ich möchte Sie nicht drängen und bitte Sie, daß Sie sich nicht zwingen lassen.«
»Ich stelle meine Ansicht neben die Ihre, dann können Sie in Freiheit wählen.«
»Meine Meinung und mein Maßstab sehen so aus ... Es gibt aber auch andere Stimmen, auf die man hören muß.«
f) Vergleiche die Kapitel zum Thema:

Gefahren und Laster der Gesprächsführung
Zuhören mit Methode
Annehmen und Wertschätzen
Spiegelnde Methode
Gesprächsanfang und Gesprächsschluß
Gesprächspausen
Distanz und Nähe
Fragen des Klienten an den Therapeuten
Fragen des Therapeuten an den Klienten
*Ergänzung:*

### 4.5. Praktische Übungen

Überlegen und diskutieren Sie bitte folgende Fragen:
a) War ich beim Lesen und Reflektieren dieses Lernimpulses partnerschaftlich und tolerant? Wo nicht?
b) War die Lerngruppe in der letzten halben Stunde (beim Diskutieren dieses Lernimpulses) partnerschaftlich im Umgang miteinander?
c) Wo habe ich in meinem Leben Partnerschaft und Toleranz erhalten oder gegenüber anderen praktiziert? Wo erfuhr ich ein autoritäres Geführtwerden? Welche Gefühle habe ich, wenn ich Partnerschaft (oder Autorität) erfahre (oder selbst anwende)? Welche Wirkungen stellen sich ein?

Spezifische praktische Übungen zum Thema Partnerschaft finden Sie im Anschluß an den nachstehenden Impuls »Die partnerzentrierte Methode«.

# 5. Partnerzentrierte Methode

## 5.1. Lernimpuls

Ich verhalte mich »client-centered«, d. h. partnerzentriert und nicht egozentrisch. Der Gesprächsverlauf geht von meinem Partner aus, von seinem Wissen und Vermögen, insbesondere auch von seinem Unvermögen. Ich begleite ihn hörend und sehend, verstehend und fühlend; ich verhalte mich also »non-directive« und warte, daß Direktiven vom Partner ausgehen. Partnerschaftliches Verhalten geht in der Regel aus von einer Gleichberechtigung zwischen meinem Partner und mir: Mein auf den Klienten zentriertes Verhalten ordnet sich (so weit als nötig) dem Partner unter.
*Ergänzung:*

## 5.2. Begründung

Die Bezeichnung »client-centered method« geht auf Carl Rogers zurück und wird von ihm besonders hervorgehoben (*Rogers* 1942, 1951, 1967). Er wendet sich damit gegen Therapiemethoden, in denen die Eigenaktivität des Klienten wohl eine Rolle spielt, aber letztlich doch der Therapeut das Gespräch bestimmt. Gegen diese Einstellung stellt sich schon Sigmund Freud, wenn er im Blick auf den Therapeuten sagt: »Die analytische Kur soll, soweit es möglich ist, in der Entbehrung – Abstinenz – durchgehalten werden (*Stollberg* 1971).

Wenn ich mich partnerzentriert verhalte, ermögliche ich dem Partner so wertvolle Tugenden wie Selbsttätigkeit und Selbständigkeit, Selbstentfaltung und Selbstgestaltung und andere Formen der Selbsthilfe. Er wird fortschreitend unabhängig, was ihn entlastet (und auch für den Therapeuten eine Entlastung bedeutet).

Durch Zentrierung auf die Äußerungen des Partners gewinnt dieser Gelegenheit und Freiheit zum Reden und Sichöffnen, Mut zum eigenen Wesen, einen freien Raum zum individuellen Sein, Freiheit zur Identität. Die im Klienten ruhenden Kräfte entwickeln sich. »Client-centered therapy« respektiert und aktiviert die Möglichkeiten und Fähigkeiten des Klienten, seine Einzigartigkeit und seine Grenzen.
*Ergänzung:*

## 5.3. Kritische Reflexion

Der von Rogers ausgehende Impuls kann nicht ernst genug genommen werden, weil bei Seelsorgern, Sozialarbeitern, Erziehern und Therapeuten trotz richtiger Einsicht und gutem Willen ein starker Hang besteht, aktiv und bestimmend in das Gespräch einzugreifen (etwa aus gesteigerter Hilfsbereitschaft, Zeitmangel, Machtwillen). Trotz dieser Gefahr einer therapeutischen Überaktivität ist zu fragen: Darf man den Ansatz von *Rogers* absolut setzen und beispielsweise erwarten, daß alle Initiative vom Klienten ausgeht?

*Ergänzung:*

## 5.4. Konkretion

a) Ich mache mir ständig bewußt (etwa innerhalb einer Selbsterfahrungsgruppe oder einer Fallbesprechungsgruppe), inwieweit ich partnerzentriert sein kann und wo Gefahren der Egozentrik bestehen.
b) Ich zentriere und konzentriere mich auf den Partner, seine Aussagen und Erfahrungen, sein Fühlen und Können (und Nichtkönnen). Ich halte meine Meinungen und Erfahrungen zurück, ebenso meine persönlichen Ziele und Weltanschauungen.
c) Ich beachte, daß dem Partner die klientenzentrierte Methode neu sein kann, daß er also auf den Therapeuten zentriert ist und von ihm zunächst eine mehr oder weniger starke Führung erwartet.
d) Ich vermeide die »Gefahren und Laster der Gesprächsführung« (vgl. das 2. Kapitel).
e) Ich nehme den Partner unbedingt an (vgl. Kap. 7).
f) Ich praktiziere ein methodisches Zuhören (vgl. Kap. 6).
g) Ich verwende die spiegelnde Methode (vgl. Kap. 8).
h) Ich passe mein Anspruchsniveau an den Partner an (vgl. Kap. 19).
i) Ich suche das Ausmaß von Distanz und Nähe zu verwirklichen, das dem Partner entspricht (vgl. Kap. 21).

*Ergänzung:*

## 5.5. Praktische Übungen

### *Übung 1*

Diese Übung dient zur Sensibilisierung für partnerschaftliche und partnerzentrierte Vorgänge und ist also eine Übung zu diesem und dem vorausgehenden Kapitel.

Zweierübung: Teilnehmer 1 hat die Augen auf und führt den Teilnehmer 2, der die Augen geschlossen hält, durch den Raum (Haus, Garten, Straße). T 1 führt zuerst 3 bis 5 Minuten lang so, wie er es für richtig hält. Dann führt er einige Minuten lang dominierend und autoritär (T 2 wird z. B. schnell geführt). Schließlich führt bzw. begleitet er partnerzentriert (T 2 bestimmt z. B. das Tempo). T 2 weiß nach Möglichkeit nicht, wer ihn führt (Vorschlag: Alle Gruppenteilnehmer, die sich blind führen lassen wollen, setzen sich mit geschlossenen Augen hin und werden dann von denen, die sehend führen, an die Hand genommen!). Während der ganzen Übung wird nicht gesprochen. – Nach diesen drei Übungsphasen werden die Rollen getauscht: T 1 schließt die Augen und wird von T 2 geführt. – Anschließend tauschen T 1 und T 2 ihre Erfahrungen aus. – Ganz wichtig ist, daß jedes Gruppenmitglied die ganze Übung zweimal (oder dreimal) macht, also Erfahrungen mit zwei verschiedenen Partnern sammelt.

Anregungen für die führende Person (bitte mit Fantasie weiterentwickeln): Schnell gehen, langsam gehen, stehenbleiben, im Kreis gehen, rückwärts gehen, Treppen gehen, auf Stuhl steigen und wieder herunter, kriechen, sitzen, liegen (auf Bauch, auf Rücken, auf Seite), gegen ein Hindernis (Stuhl, Wand) gehen lassen, auf Rücken nehmen und wegtragen, auf Arm nehmen und hochheben ... Dem Übungsteilnehmer verschiedene Dinge in die Hand geben (oder mit der Stirn oder den Lippen berühren lassen): Bürste, Buch, Stuhlbein, Apfel, Haare, scharfen Gegenstand, Wasser, Erde usw.

Anschließend Aussprache und Auswertung in der Gruppe:

Was wurde bei dieser Übung erlebt? Welche Gefühle und Gedanken stellten sich beim Teilnehmer 1 ein, während er autoritär führte bzw. partnerzentriert handelte? Welche Gefühle und Gedanken stellten sich beim Teilnehmer 2 ein, während er autoritär geführt bzw. partnerzentriert begleitet wurde? –

Wie erlebt es der Klient, wenn der Therapeut im Gespräch schnell und führend ist? Wie erlebt der Klient eine partnerschaftliche und partnerzentrierte Gesprächshaltung?

*Übung 2*

Übertragung von Übung 1 auf das Gespräch: Teilnehmer 1 verwickelt Teilnehmer 2 zuerst in ein autoritär geführtes Gespräch, dann partnerzentrierte Gesprächsführung (jeweils 5 Minuten). Anschließend Rollenwechsel: T 1 erlebt, daß ihn T 2 in ein autoritäres Gespräch zieht, dann partnerzentrierte Gesprächsführung.

Diese Übung kann in Zweiergruppen stattfinden, so daß die ganze Lerngruppe agiert. Andere Möglichkeit: Zwei Teilnehmer führen dieses Rollenspiel durch, alle anderen Teilnehmer fungieren als Beobachter.

*Übung 3*

Bitte überlegen und diskutieren Sie innerhalb Ihrer Lerngruppe folgende Fragen:

a) Inwieweit konnte ich mich auf die Information des vorliegenden Kapitels konzentrieren? Inwieweit war ich auf mein Ich zentriert (egozentrisch)?
b) Inwieweit spricht und arbeitet die Lerngruppe partnerzentriert?
c) Wo ist mir in meinem Leben eine auf meine Person zentrierte Kommunikationsform begegnet? Wo konnte ich bisher partnerzentriert sein? Welche Auswirkungen stellten sich ein?

## 6. Zuhören mit Methode

Zur Einstimmung auf den nachstehenden Lernstoff wäre es gut, Sie nähmen sich vor der Lektüre fünf Minuten Zeit, um im Sinne eines »brain storming« folgende Fragen zu bedenken: Welche Bedürfnisse bewegen meinen Gesprächspartner und mich selber zum Reden? Warum erwartet mein Gesprächspartner von mir ein geduldiges Zuhören? Warum fällt mir das schwer?
*Ergänzung:*

### 6.1. Lernimpuls

Das Gespräch beginnt, steht und fällt mit dem Zuhören. Als Berater, Erzieher, Seelsorger mache ich mich deshalb systematisch vertraut mit der Methodik des Zuhörens. Ziel ist, »ganz Ohr zu sein« (diese Formulierung ist wörtlich zu nehmen). Zuhören geschieht nicht nur mit dem Ohr, sondern auch durch Sehen und »Fühlen«. Ich begleite den Gesprächspartner hörend und sehend, verstehend und mitfühlend. Wenn ich zuhöre, so erfordert das ein Höchstmaß an Konzentration (ich nehme alles wahr, z. B. auch die Angst, die während einer Pause entsteht, oder daß etwas verschwiegen wird), Engagement und Aktivität (Mitfühlen, Mitdenken, Mitsuchen).
*Ergänzung:*

### 6.2. Begründung

Zuhören bedeutet:
a) Partnerschaft, d. h. Verzicht auf einen autoritär-dirigistischen Führungsstil.
b) Zentrierung auf den Gesprächspartner, d. h. Verzicht auf Egozentrik und Eigenwilligkeit.
c) Annehmen, Bejahung und Wertschätzung des anderen, d. h. Verzicht auf ganze oder teilweise Ablehnung und Verurteilung.
d) Voraussetzung für hilfreiches Rückfragen und verantwortungsvolle Stellungnahme; der Berater kann erst reden, nachdem er zuhörte; der Ratsuchende kann erst hören, nachdem er sich ausgesprochen hat.
e) Selbständigkeit und Selbsttätigkeit für den Gesprächspartner, er gewinnt Freiheit zum Reden und Sichöffnen, freien Raum zum individuellen Sein und zur Identität.

f) Basis und Grundelement eines therapeutischen Geschehens, z. B. im Sinne der Abreaktion.
g) Erfüllung eines menschlichen Grundbedürfnisses: »Jeder wünscht sich ein Ohr, in das er jammern kann« (Portugiesisches Sprichwort). Vgl. *Seneca* (römischer Philosoph gest. 65 n.Chr.):

> *»Denn wer hört uns je in aller Welt,*
> *ob Freund und Lehrer, Bruder, Vater, Mutter,*
> *ob Schwester, Nachbar, Sohn,*
> *ob Herr, ob Knecht?*
> *Hört der Berater uns?*
> *Die eigne Frau, der eigne Mann, die uns am*
> *nächsten stehn? ...*
> *Zu wem kann jemand sagen: Hier bin ich!*
> *Sieh die Nacktheit, sieh hier*
> *Wunden, geheimes Leid, Enttäuschung,*
> *Zagen, Schmerz, unsagbar'n Kummer,*
> *Angst, Verlassenheit!*
> *Hör einen Tag mich, eine Stunde bloß,*
> *nur einen Augenblick,*
> *auf daß ich nicht vergeh im Grauen wilder Einsamkeit!*
> *O Gott, ist niemand da,*
> *der mich hört ... «*

*Ergänzung:*

## 6.3. Kritische Reflexion

Das Zuhören fällt nach langer Schulung und Übung immer noch schwer. Es gibt eine Untersuchung, wonach es nur wenige Psychotherapeuten fertig bringen, weniger als 40 Prozent des Gesprächs zu bestreiten. Deshalb empfiehlt sich als Leitsatz: Nicht reden, sondern zuhören!

Obwohl dieser Grundsatz in seiner Bedeutsamkeit für das therapeutische Gespräch nie vergessen werden darf, sollte er nicht absolut gesetzt werden. Die dialektische Spannung ist durchzuhalten, daß der Therapeut unter gewissen Umständen zu reden hat. Das kann in der Praxis so aussehen:

Als Therapeut (Sozialarbeiter, Seelsorger) rede ich nur,
a) wenn der Partner sich ausgesprochen hat und nun zuhören will,
b) wenn mein Reden aus dem Zuhören herauswächst und zu neuem Zuhören führt,

c) wenn mein Beitrag unentbehrlich und hilfreich ist (wenn der Gesprächspartner z. B. alleine gar nicht mehr weiterkommt),
d) wenn ich das Gespräch strukturieren muß,
e) wenn ich eine Aussage des Partners verstärken sollte (z. B. den Ansatz zu Aktivität oder Aggression, den ein depressiver Gesprächspartner plötzlich erwähnt),
f) wenn ich überprüfen muß, ob ich den Partner recht verstanden habe oder ihn noch besser verstehen muß,
g) wenn der Partner präzise Fragen stellt und nicht selber Antworten finden kann,
h) wenn ich Aufmerksamkeit, Engagement, Bejahung und Wertschätzung dokumentieren muß,
i) wenn ich verbalisieren muß, was der Partner nicht verbalisieren kann,
j) wenn der Partner sich gar nicht äußern kann (er findet den Einstieg ins Gespräch nicht oder ist durch eine Gesprächspause stärkstens blockiert).

*Ergänzung:*

## 6.4. Konkretion

a) Ehe ich ein Gespräch führe, versuche ich, mir die äußeren und inneren Einflüsse und Gefühle, unter denen ich momentan und grundsätzlich stehe, weitmöglichst bewußt zu machen. Ich möchte mein Hören und Sehen, mein Denken, Fühlen und Glauben ganz auf den Gesprächspartner konzentrieren, auf den einen Sender einstellen und Nebensender und Nebengeräusche ausschalten, weil sie mich am genauen und vorurteilslosen Hinhören und Hinschauen hindern. Ich prüfe, inwieweit ich diese meine persönlichen Einflüsse und Gefühle eindämmen, ausschalten oder aber sinnvoll integrieren kann. Das kann u. a. dadurch geschehen, daß ich wahllos auf ein Papier aufschreibe, was mir gerade einfällt.
b) Ich sorge vor und während des Gesprächs für ein Höchstmaß an äußerer und innerer Ruhe.
c) Ich zentriere und konzentriere mich auf den Gesprächspartner, auf seine Aussagen und Erfahrungen, Wünsche und Gefühle, auf sein Vermögen und Unvermögen.
d) Aufmerksames und ernsthaftes Zuhören kann sich verbal (»ja«, »hm«) oder averbal äußern (Kopfnicken, Kopfhaltung, Sitzhaltung, Mimik, Handbewegungen usw.).
e) Ich höre nicht nur auf den Wortlaut, sondern auch auf Wortwahl, Tonfall, Stimmlage, Sprechtempo, Sprechpausen, Bruchstellen im Gesprächsverlauf usw.
f) Ich stütze mich nicht nur auf das Hören, sondern auch auf das Sehen und beachte also Mimik, Gestik, Körperbau usw. des Partners.

g) Ich achte nicht nur auf die logische Aussagen des Gesprächspartners, sondern versuche zu erfassen, was der andere (noch) nicht verbalisieren kann, z. B. starke Gefühle, negative Emotionen (Vorsicht vor subjektiven Unterschiebungen!).
h) Ich beachte Stichwörter, Reizwörter, Schlüsselsätze, Hauptfragen, aber auch Bruchstellen und Pausen. Gibt es einen »roten Faden«, ein bestimmtes Gefälle?
i) Wenn irgend möglich, notiere ich wichtige Gesprächspunkte; der Partner muß damit einverstanden sein und darf nicht durch auffälliges Mitschreiben irritiert werden.
j) Ich höre mit einer »gleichmäßig schwebenden Aufmerksamkeit« (*S. Freud*), vermeide also ein zeitweises Abschalten sowie ein innerliches Abschweifen zu anderen Themen; ich beschäftige mich nicht mit einem bestimmten Gesprächsthema (das mir wichtig oder schwierig erscheint), während der Partner schon von anderen Themen spricht.
k) Ich lasse den Partner ausreden und fahre ihm nicht ins Wort mit Meinungsäußerungen, voreiligen Interpretationen und Zwischenfragen; ich habe Zeit und Geduld.
l) Legt der Partner eine Pause ein, so wird sie »durchgestanden«. Ich suche nicht krampfhaft nach überbrückenden Worten oder fülle die Pause kurzentschlossen mit dem, »was ich schon lange sagen oder fragen wollte«.
m) Ich stelle nur notwendige weiterführende Fragen; die Fragen müssen aus dem Gespräch herauswachsen und dürfen nicht hineingetragen werden.
n) Wenn der Gesprächspartner Fragen stellt, höre ich zunächst darauf, welche Antworten er selber finden kann; ich kann zu ihm sagen: »Sie haben sich sicherlich schon selber Gedanken gemacht«.
o) Ich achte sorgsam auf Verlockungen zu eigenem, langatmigem Reden (Erzählungen aus meinen Leben und Erfahrungsbereich, Schilderung eines »ähnlichen Falles«, Überredungsversuche, Dogmatisieren, Interpretieren usw.).
p) Ich suche Gelegenheiten zur Selbsterfahrung. Wie erlebe ich es, wenn mir jemand in gekonnter Weise zuhört? Wie reagiere ich auf schlechte Zuhörer?
q) Im Sinne der Echtheit und Selbstkongruenz beachte ich sorgsam und einfühlsam, welche Gefühle ich selber beim Zuhören habe, – und (ob und) wie ich sie äußere (verbal und nonverbal). Warum fällt mir z. B. das Zuhören manchmal sehr schwer und manchmal geht es ganz leicht?
r) Ich praktiziere die sogenannte »spiegelnde Methode« (nach *Rogers* und *Tausch*).
s) Sofern ich rede, wächst es aus dem Zuhören heraus (ist also reaktiv) und soll in neues Zuhören einmünden, also dem Partner ein neues Reden ermöglichen.
t) Ich mache mir fortwährend bewußt, unter welchen Umständen (es sind nur wenige!) es sinnvoll ist, vom Zuhören zum Reden überzuwechseln (siehe »Kritische Reflexion«).

u) Nach jedem Gespräch lege ich Rechenschaft ab, inwieweit das Zuhören gelungen ist (Anfertigung eines Gesprächsprotokolls; Vergleich des Gesprächs mit den vorliegenden Ausführungen zur Methodik des Zuhörens). Nur solche permanente Weiterbildung führt zu Verhaltensänderung.

v) Ich höre auf eine Aussage von *Lavater* (1741–1801):

*»Findest Du einen Menschen,*
*der ruhig ist,*
*ohne Affektation,*
*der mit Gegenwart des Geistes,*
*mit wahrer Teilnehmung,*
*mit stillem Bedürfnis hören kann,*
*der Dich nicht leicht unterbricht,*
*der nicht zwei Fragen auf einmal tut,*
*die Antwort auf eine gelassen abwartet und ganz auffaßt,*
*der nicht vorwärts, nicht zurückgreift,*
*dessen Blick Dich nicht geflissentlich fixiert und niederschlägt,*
*dessen Blick dem Deinigen nicht geflissentlich ausweicht,*
*der nicht in die Höhe und nicht in die Tiefe zielt,*
*der in dem selben Grade unnachlässig und unangespannt ist,*
*so denke, einen Schatz im Acker,*
*eine Perle gefunden zu haben.«*

*Ergänzung:*

## 6.5. Praktische Übung

Setzen Sie sich mit zwei anderen Personen zusammen. Sie vertreten als Gesprächsteilnehmer Nr. 1 die Meinung, daß in dieser Gruppe (und bei anderen Zusammenkünften und Sitzungen) geraucht werden darf. Der zweite Gesprächsteilnehmer macht sich für die entgegengesetzte Meinung stark. Ehe er jedoch seine Meinung sagt, wiederholt er ganz genau, was der Vorredner sagte. Dann kommt wieder Gesprächsteilnehmer Nr. 1 an die Reihe: Auch er muß zunächst die Aussagen des Vorredners wiederholen, ehe er mit seinen eigenen Argumenten kommt. In diesem Sinne wird der Dialog fünf Minuten lang geführt. Gesprächsteilnehmer Nr. 3 ist Beobachter und greift sofort ein, wenn etwas vergessen oder verzerrt wird.

Diese Übung findet insgesamt dreimal statt, so daß jeder Teilnehmer einmal die Rolle des Beobachters innehat.

Thema der 2. Gesprächsrunde: Für und wider die Ehescheidung. Thema der 3. Gesprächsrunde: Für und wider den Schwangerschaftsabbruch.

Im Anschluß an diese drei kurzen Gesprächsrunden findet eine Aussprache statt, in der die Erfahrungen ausgewertet werden.

Nach (!) dieser Aussprache können Sie Ihre Ergebnisse vergleichen mit folgenden Thesen:

a) Exaktes Zuhören und Wiederholen des Gehörten fallen schwer – besonders dann, wenn ich eine andere Meinung habe als mein Gesprächspartner.

b) Wenn meine Aussage wiederholt wird, kann ich überprüfen, ob und inwieweit ich verstanden werde – das ergibt ein angenehmes Gefühl der Sicherheit und kann zu neuem Nachdenken und Sprechen anregen.

c) Es fällt schwer, alle Aussagen des Partners zu wiederholen und also nicht etwas unter den Tisch fallen zu lassen, was mir nebensächlich oder unangenehm erscheint.

d) Es fällt schwer, auf das einzugehen, was der andere sagt: Lieber würde ich einfach meine Argumente nacheinander aufzählen.

e) Wenn ich dem anderen genau zuhöre und ihn wiederhole, tritt mein Temperament etwas in den Hintergrund: Ich antworte behutsamer.

f) Obwohl ich das Gehörte genau wiederholen möchte, können sich verfälschende Interpretationen einschleichen.

g) Leicht bleibe ich an einzelnen Aussagen des Partners hängen und entwickle dazu meine eigenen Gedanken: In der Zwischenzeit sagt der Partner andere Dinge, die ich nicht mehr genau wahrnehmen und behalten kann.

h) Wenn ich den Gesprächspartner oder das Thema sympathisch erlebe, kann ich anders zuhören und wiederholen, als wenn ich Antipathie (oder andere negative Gefühle) spüre. Meine Gefühle spielen beim Zuhören eine wesentliche Rolle.

## 7. Annehmen und Wertschätzen

### 7.1. Lernimpuls

Als Berater oder Seelsorger, Sozialarbeiter oder Therapeut nehme ich den Gesprächspartner unbedingt an, d. h. ich bringe ihm eine grundsätzliche Bejahung und »positive Wertschätzung« entgegen (*Tausch* 1970, 112–125, 237–250), habe Achtung und Ehrfurcht vor seiner Gesamtperson. Mit diesen Bezeichnungen wird der strapazierte Begriff »Liebe« umschrieben und zugleich konkretisiert und spezifiziert. Gleich welche Aussage der Partner macht, er wird akzeptiert. Was immer ich sage oder schreibe, hat als Voraussetzung und Ziel die liebevolle Wertschätzung des Partners. Entscheidend ist, daß ich mich mit »emotionaler Wärme (*Tausch* a. a. O.) äußere und also nicht unfreundlich, unbeteiligt und gefühlskalt wirke. Es geht um die Kommunikation aller positiven Affekte, die es zwischen dem Klienten und mir gibt.
*Ergänzung:*

### 7.2. Begründung

a) Zu den Grundbedürfnissen des Menschen gehört, daß er ein hohes Maß an Anerkennung, Bejahung und Wertschätzung empfängt. Das erscheint so wichtig wie die Luft zum Atmen. Wenn ich dem Klienten Wertschätzung und Wärme anbiete, erfährt er etwas Ähnliches, wie wenn ein Gärtner dafür sorgt, daß eine Pflanze Raum zum Wachsen und Sonnenlicht bekommt.

Die Dichterin Hilde Domin schreibt (*Nur eine Rose als Stütze,* Frankfurt 1959, S. 48):

*»Keine Katze mit sieben Leben ...*
*ist so zäh wie der Mensch,*
*den man in die Sonne*
*von Liebe und Hoffnung legt.*
*Mit den Brandmalen auf seinem Körper,*
*und den Narben der Wunden,*
*verblaßt ihm die Angst.*
*Sein entlaubter Freudenbaum*
*treibt neue Knospen,*
*selbst die Rinde des Vertrauens*
*wächst langsam nach.«*

b) Wenn ich den Partner annehme und wertschätze, liegt es nahe (im Sinne des Imitationslernens), daß er sich selber auch akzeptiert und achtet, daß er schließlich auch anderen Menschen und mir als seinem Therapeuten Bejahung und Wertschätzung entgegenbringt (*Tausch* 1970, 119 f., 268).

c) Eine Reihe wissenschaftlicher Untersuchungen bestätigt, daß bedingungslose Wertschätzung und Wärme beim Gesprächspartner zu konstruktiven Veränderungen führen (*Tausch* 1970, 121 f.). *Rogers* beschreibt das so (*Rogers* 1972, 45 f.):

»Die positiven Gefühle werden ebenso als Teil der Persönlichkeit akzeptiert wie die negativen. Dieses Akzeptieren sowohl der reifen wie der unreifen Impulse, der aggressiven wie der sozialen Einstellungen, der Schuldgefühle wie der positiven Äußerungen bietet dem Individuum ... Gelegenheit, sich so zu verstehen, wie es ist. Es hat nicht mehr das Bedürfnis, seine negativen Gefühle zu verteidigen. Es hat keine Gelegenheit, seine positiven Gefühle überzubewerten. Und in dieser Situation treten Einsicht und Selbstverstehen spontan zutage. Wer selbst nie diese Entwicklung von Einsicht beobachtet hat, wird schwerlich glauben, daß Individuen sich selbst und ihre Strukturen so wirkungsvoll erkennen können.«

»Wenn die negativen Gefühle des Individuums erschöpfend ausgedrückt worden sind, folgt ihnen schwach und zögernd der Ausdruck der positiven Impulse, die das Wachsen fördern ... Je heftiger und tiefer die negativen Gefühle ausgedrückt wurden (vorausgesetzt, sie wurden akzeptiert und anerkannt), desto sicherer folgt der Ausdruck positiver Gefühle, der Liebe, der sozialen Impulse, des grundlegenden Selbstrespekts und des Verlangens nach Reife.«

d) Die bedingungslose Wertschätzung und »warme Anteilnahme (Annahme) des Beraters ... erlaubt ... dem Ratsuchenden äußerste Ausdrucksmöglichkeiten für seine Gefühle, Haltungen und Probleme. In dieser einzigartigen Erfahrung völliger emotionaler Freiheit in einem gut abgegrenzten Rahmen vermag der Klient seine Impulse und Vorstellungen positiv und negativ so frei zu erkennen und zu verstehen wie in keiner anderen Beziehung« (*Rogers,* zit. nach *Faber-Schoot* 1968, 28).

e) Annahme und Wertschätzung des Partners schaffen (im Sinne der sog. Gegenkonditionierung) eine Atmosphäre, in der Angst und Spannung und die daraus resultierenden Aggressionen oder Fluchtgedanken abgebaut werden. Angesichts der Bejahung durch den Therapeuten können sich Selbstverneinung und Selbstverachtung des Klienten auf die Dauer nicht halten, ebenso wenig seine Angst. Infolgedessen kann er zu sich selber finden, sich auf seine Selbstexploration einlassen. Wenn ich den Partner nicht oder wenig bejahe und liebe, verspürt er Ablehnung und Druck, fühlt er sich eingeengt und verunsichert und entwickelt demzufolge Angstgefühle, Verteidigungshaltungen, Fluchtgedanken, Ver-

drängung und andere Abwehrmechanismen. Damit sind Kontakte und Vertrauen zwischen dem Partner und mir in Frage gestellt: Weder unsere Beziehungen noch der Partner selber können weiterwachsen.
f) Daß jeder Mensch Anspruch auf Angenommensein und Wertschätzung hat, läßt sich philosophisch, psychologisch und theologisch begründen. Stichwortartig seien folgende Argumente genannt: Recht auf Freiheit, Individualität und Andersartigkeit; Recht auf Selbständigkeit und Selbstbestimmung; Recht auf eigene Erfahrungen und Fehler; Erkenntnis, daß jeder Mensch ein Stück weit Rätsel und Geheimnis bleibt; Überzeugung, daß Christus jeden Menschen ohne Vorbedingung annimmt und liebt (vgl. das Vorbild des Jesus von Nazareth).
g) »Emotionale Wärme« ist nötig, weil es dem Partner wenig nützt, wenn er Bejahung und Wertschätzung lediglich über die verbale und rationale Brücke erfährt. Der Partner muß emotional angesprochen und überzeugt werden, eine kalte und harte Sachlichkeit ohne den Faktor »Liebe« stößt ab.
*Ergänzung:*

### 7.3. Kritische Reflexion

Kann jeder Mensch mit seinem Tun und Lassen angenommen und geachtet werden, ohne Vorbehalt und Vorbedingung? Unbedingtes Annehmen und Wertschätzen sind nicht zu verwechseln mit Zustimmung (direkter Beifall wirkt ebenso fragwürdig wie Ablehnung!), sondern verstehen und würdigen das Verhalten des Partners in seiner Bedeutung für ihn selber. Sinn und Zweck des Akzeptierens ist nicht, »ein Urteil auszusprechen, sondern die grundlegenden Einstellungen des Klienten zu erhellen und bewußt zu machen« (*Rogers,* zit. nach *Faber-Schoot* 1968, 31).

Das Angebot von Wertschätzung und Wärme fällt mir einigermaßen leicht, wenn ich mir klar mache: Dieser individuelle Klient verhält sich, hier und jetzt, für seine Verhältnisse (und aufgrund seiner Lebensgeschichte) ziemlich optimal, – und optimal muß er nicht sein.

Wie verhalte ich mich, wenn ich innerhalb eines Gesprächs plötzlich keine positiven Empfindungen für den Klienten und seine Aussagen spüre? Nach *Rogers* soll ich mich dazu bekennen und sie ausdrücken: »Nur auf diese Art und Weise kann die Beziehung Realität besitzen und Realität scheint ... höchst wichtig zu sein. Nur indem ich die authentische Realität, die in mir ist, biete, kann der andere mit Erfolg nach der Realität in sich suchen. Ich habe entdeckt, daß dies sogar dann zutrifft, wenn meine Empfindungen keineswegs solche sind, die mir gefallen, oder solche, die einer guten Beziehung förderlich erscheinen« (*Rogers* 1973, 47).
*Ergänzung:*

## 7.4. Konkretion

a) Ich achte und akzeptiere die Gedanken und Gefühle, Erlebnisse und Wünsche des Partners, indem ich die spiegelnde Methode praktiziere (vgl. Kapitel 8).
b) Positive Wertschätzung und emotionale Wärme kann ich auch averbal äußern durch Gesten der Aufmerksamkeit und Zuwendung (Kopfhaltung, Mimik, Körperhaltung, Handbewegungen usw.).
c) Ich achte (entgegen einer einseitig kritischen Haltung) auf die guten und starken Seiten des Partners und setze alles daran, um diese Seiten durch Spiegeln zu bestätigen und zu verstärken.
d) Ich habe eine tiefe Achtung vor dem individuellen Sosein des Partners, vor seinem persönlichen Lebensweg, seiner Freiheit und seiner Gebundenheit, vor dem »Wunder der Andersartigkeit« (Martin Buber). Ich respektiere auch seine Rückschritte und Umwege, seine Niedergeschlagenheiten, die Ablehnung gegenüber mir usw.
e) Ich mache mir während und nach dem Gespräch bewußt, inwieweit ich den Partner bedingungslos ernst nehme und annehme. Wo das nicht gelingt, überlege ich mir, welche Ursachen das hat. Oft liegt die Ursache in meiner Person, in meiner Vergangenheit.
f) Sofern ich eine Verhaltensweise des Partners schwer akzeptieren kann, frage ich mich, warum er so geworden ist, ob er unter den vorliegenden Umständen und Schicksalsschlägen anders sein könnte.
g) Ich achte nicht nur auf das, was der Partner war und ist, sondern auch auf das, was er werden kann, daß er (teilweise) die Chance hat, sich zu ändern, – und daß auch ich selber mich ändern kann und vielleicht toleranter oder barmherziger werden muß.
h) Ich erinnere mich, wie gut und befreiend es auf mich wirkte, wenn ich mit meinen Stärken und Schwächen akzeptiert wurde (von Freunden, Familienangehörigen, Gott), wenn ich mich also heute ein Stück weit so annehmen kann, wie ich bin. Ich frage mich dann, ob ich unter diesen Umständen auch den Partner so achten und annehmen kann, wie er ist. Sofern mir das Neue Testament etwas bedeutet, kann ich mich an Römer 15,7 erinnern: »Nehmet einander an, gleich wie Christus euch angenommen hat.«
i) Ich versuche, Verbindungslinien zu entdecken zwischen der Aufforderung, die *Rogers* und *Tausch* mir stellen, und der Aufforderung, die etwa in 1. Korinther 13 steht: Die Liebe ist langmütig, eifert nicht, blähet sich nicht, läßt sich nicht erbittern, erträgt alles, glaubt alles, hofft alles, duldet alles.
j) Ich biete dem Partner einen anderen Gesprächspartner an, falls ich ihm gegenüber keine Wertschätzung und Wärme entwickeln kann. Auf jeden Fall hüte ich mich vor Phrasen und Falschspiel.

k) Sofern ich eine Seite des Klienten nicht annehmen und wertschätzen kann, spreche ich das in konstruktiver Weise und vor allem in der Ich-Form aus. Beispiel: »Ich kann Sie an vielen Punkten verstehen und akzeptieren, aber an diesem einen Punkt fällt es mir schwer. Ich möchte gemeinsam mit Ihnen nach einer Lösung suchen.«
l) Vor allen Dingen lerne ich immer mehr, mich selber anzunehmen und wertzuschätzen, meine Potenzen und meine Grenzen, meine Stärken und Schwächen, mein Können und Nichtkönnen; es kann z. B. meine persönliche Grenze sein, daß ich eine bestimmte Aussage des Klienten letztlich nicht akzeptieren kann; es kann sein, daß ich dem Klienten sein Anders-Sein nicht erlaube, weil ich meiner selbst nicht sicher bin.
m) Ich überprüfe regelmäßig mein Verhalten im Gespräch und im Umgang mit anderen Menschen anhand nachfolgender Einschätzungsskala. Diese Skala faßt die wichtigsten Gesichtspunkte des Annehmens und Wertschätzens zusammen. Für die volle Bejahung eines Gesichtspunktes gibt es fünf Punkte, für eingeschränkte Bejahung weniger Punkte, für Verneinung keinen Punkt. Optimale Punktzahl ist also 50.
Sofern ich mein Gesprächsverhalten anhand nachstehender Skala öfters überprüfe und durch Kollegen überprüfen lasse, können sich feste Gesprächsstrukturen herauskristallisieren. Beispiel: Ich beachte und beherrsche die Punkte c) und d), nicht aber die Punkte g) und j). Aus solchen Entdeckungen ergibt sich die Möglichkeit, mein Verhalten gezielt zu korrigieren.

*Einschätzungsskala*

a) Ich achte und schätze alle Gedanken und Gefühle des Partners, indem ich sie soweit als nötig spiegele (vgl. Kapitel »Die spiegelnde Methode«).
b) Ich belasse (mit gutem Gewissen) dem Partner seine Freiheit und Einmaligkeit, auch seine Gebundenheit und Begrenztheit (vgl. die Kapitel »Partnerschaftliches Verhalten und Toleranz«, »Öffnung für Hoffnung und Mut«).
c) Ich verzichte auf Ratschläge.
d) Ich verzichte auf (negative und positive) Werturteile.
e) Ich verknüpfe meine positive Grundhaltung und Wertschätzung nicht mit Bedingungen und Einschränkungen.
f) Ich verhalte mich auf den Partner zentriert und halte mich also selber zurück (vgl. Kapitel »Partnerzentrierte Methode«).
g) Ich höre zu mit vollem Interesse und innerem Engagement (vgl. Kapitel »Methodisches Zuhören«).
h) Ich empfinde Wertschätzung und Wärme gegenüber dem Partner:
ob er zufrieden ist oder unzufrieden,

ob er mir vertraut oder mich ablehnt,
ob er mir angenehme oder unangenehme Dinge berichtet,
ob sein Reden und Tun »gut« oder »schlecht« ist.

i) Ich spreche freundlich und mit emotionaler Wärme.
j) Ich bin in allen meinen Äußerungen echt und mit mir selber identisch (vgl. Kapitel »Echtheit und Selbstkongruenz«).

*Ergänzung:*

## 7.5. Praktische Übungen

*Übung 1*

Bitte analysieren und beurteilen Sie das folgende Gesprächsprotokoll (*Tausch* 1970, 115 f.):

Kl. 1: *... und ich weiß nicht, ich weiß nicht, was für ein Job mir angeboten wird. Aber -- eh --*
Th. 1: *Es wäre wohl nicht der beste auf der Welt.*
Kl. 2: *Ich bin sicher, daß es so kommen wird, aber --*
Th. 2: *Aber wenn Sie sich nicht entschließen können, einige dieser unerfreulichen Dinge zu schlucken – Sie müssen es durchstehen. Sie werden es durchstehen.*
Kl. 3: *Gewiß, ich – ich weiß schon, daß ich es tun muß, ich stehe im Begriff, es zu tun. Aber – es ist schrecklich leicht für mich, Doktor, ... in mein Schneckenhaus zu kriechen, – ich – ich – überwintere. Ich – eben – kann mich eben zu nichts aufraffen.*
Th. 3: *Das ist Ihr Fehler* (streng).
Kl. 4: *Sicher, das weiß ich.* – (Pause) *Aber es scheint, wie wenn immer ich – hier – hier ist's – immer wenn ich so weit komme, aktive Pläne für mich zu machen, dann sagen sie, ich sei anmaßend. Ein –*
Th. 4: *Mit anderen Worten, man kritisiert Sie, daß* – (Kl.: *Ja*). *So zieht sich unsere zarte kleine Dame dann in ihr Schneckenhaus zurück.* (Kl.: *Okay, Ja*) – *Wenn sie Pfeile auf mich schießen, ziehe ich mich eben zurück und komme nicht heraus.*
Kl. 5: *So ist es.*
Th. 5: *Und das ist eben schlecht* (schnell).
Kl. 6: (nach einer Pause): *Aber warum lassen sie mich nicht ein bißchen Pläne machen? Warum – jetzt gerade nehme ich –*

Th. 6: *Weil viele Leute Sie hier überhaupt nicht gut kennen. Und weil die Leute im allgemeinen – gelegentlich – Sie müssen daran denken, daß sie töricht sein könnten. Sie auch. Ich meine, Sie sind gelegentlich töricht, warum sollten es die anderen Leute nicht auch sein.*

*Übung 2*

Suchen Sie bitte zu den Klientenäußerungen Nr. 3, 4 und 6 Antworten, aus denen Wertschätzung und Wärme hervorgeht!

*Übung 3*

Überlegen Sie, wo Sie im Gespräch (mit der Lerngruppe und im privaten Gespräch) Wertschätzung und emotionale Wärme geben und empfangen konnten. Wo war es nicht möglich? Was sind die Auswirkungen?

## 8. Spiegelnde Methode

### 8.1. Lernimpuls

Als Sozialpädagoge und Seelsorger, Berater und Therapeut verwende ich die spiegelnde Methode, arbeite ich mit der »Verbalisierung emotionaler Erlebnisinhalte« (*Tausch* 1970, 79–111, 237–250, 275–285). Vor allem spiegele ich die innere Erlebniswelt des Klienten, ferner die Gefühle und Affekte (»Gefühlsstrom«), die Einstellungen und Haltungen, die Wünsche und Ziele, das »Erleben der Wirkung der eigenen Person auf andere Menschen« (*Tausch* 1970, 84) und die Wirkung von Personen und Sachen auf die eigene Person. Häufig geht es darum, das in Worte zu fassen, was mein Gesprächspartner nicht deutlich sagen kann. Beim Spiegeln verwende ich in der Regel andere sprachliche Formulierungen als mein Klient. Das Zurückspiegeln geschieht mit Einfühlung (»empathy«) und engagierter Teilnahme.
*Ergänzung:*

### 8.2. Begründung

*Carl Rogers* und *Reinhard Tausch* gehören zu den »Vätern« der spiegelnden Methode. Allerdings sagte schon *Sigmund Freud:* »Der Arzt ... soll wie eine Spiegelplatte nichts anderes zeigen, als was ihm gezeigt wird« (*S. Freud,* Gesammelte Werke, VIII, 384). Was geschieht, wenn die spiegelnde Methode praktiziert wird? Der Klient fühlt sich mit allen seinen Aussagen verstanden und angenommen. Er kann seinen Konflikt in allen Einzelheiten aussprechen, was bereits eine erste Klärung und Entlastung beinhaltet. Ängstliche Zurückhaltung, Abwehrmaßnahmen und Fluchttendenzen werden immer weniger nötig. Er faßt Vertrauen und gewinnt Freiheit und Mut zu weitergehenden persönlichen Aussagen.

Das Spiegeln des Therapeuten führt den Klienten zur Selbstexploration (Selbsterforschung), also dazu, daß er »über sich selbst, ... seine gefühlsmäßigen Stellungnahmen und Bewertungen, seine Ziele und Wünsche exploriert und sich zum Teil über sie klarer wird oder sich um Klärung bemüht« (*Tausch* 1970, 91). Die spiegelnde Methode bietet dem Klienten Möglichkeiten, sich und seinen Konflik wie in einem Spiegel zu sehen und mit diesen Gegebenheiten produktiv zu arbeiten.

Viele empirische Untersuchungen und Testreihen weisen darauf hin, daß die spiegelnde Methode ermöglicht, daß der Klient zu konstruktiven Persönlichkeitsveränderungen kommt; das gilt insbesondere für psychoneurotische Personen (*Tausch* 1970, 95–98).

Für die spiegelnde Methode sprechen auch die folgenden Gründe (An dieser Stelle werden Verbindungslinien zu anderen Kapiteln dieses Buches gezogen, wird der enge Zusammenhang dieses Kapitels zu anderen Kapiteln aufgezeigt):

a) Spiegeln bedeutet für den Klienten, daß er Partnerschaft und Toleranz erhält (vgl. Kap. 4).
b) Spiegeln ist eine methodisch klare Form von partnerzentriertem Verhalten (vgl. Kapitel 5).
c) Spiegeln veranlaßt den Therapeuten zu genauem und kontrolliertem Zuhören (vgl. Kapitel 6).
d) Beim Spiegeln geschehen: Annehmen und Wertschätzung (vgl. Kapitel 7).
e) Spiegeln fördert die Selbstexploration des Klienten (vgl. Kapitel 10).
f) Spiegeln ist eine Möglichkeit, sich an das Anspruchsniveau des Klienten anzupassen (vgl. Kapitel 19).
g) Spiegeln ermöglicht einen richtigen Umgang mit Distanz und Nähe (vgl. Kapitel 21).
h) Auch in anderen Kapiteln gibt es Beziehungspunkte zur spiegelnden Methode.

Daß das Zurückspiegeln von *emotionalen* Erlebnisinhalten besonders bedeutsam ist, muß noch kurz begründet werden, zumal es gegenwärtig viele gefühls- und affektfeindliche Strömungen gibt. Unter Fachleuten ist man sich weitgehend einig, daß der Mensch in der Regel stark von seinen Emotionen geprägt ist und also meist nicht so vernünftig und rational ist, wie er vorgibt oder sein möchte. Weil sehr häufig die Gefühle Ursache und Motor des menschlichen Denkens und Handelns sind, soll vor allem die Gefühlswelt des Klienten verbalisiert werden. Auf diese Weise wird das Ziel von Tiefenpsychologie und Psychotherapie angestrebt, daß das Halbbewußte und das Unbewußte bewußt werden sollen. Das unbewußte »Es« und das bewußte »Ich« sollen nicht getrennt voneinander leben und sich gegenseitig bekämpfen, sondern zu einer lebendigen Einheit werden. »Herz« und »Kopf« sollen in einer lebendigen Wechselbeziehung stehen, damit möglichst selten eintritt, was Pascal so formuliert hat: »Das Herz hat seine Gründe, von denen der Verstand nichts weiß.«

Wie bedeutsam das Verbalisieren und Bewußtmachen von Gefühlen ist, erhellen auch folgende Sätze: »Wir erkranken nicht durch Mangel an Denken oder Wissen, vielmehr aus Mangel an Fühlen-Können und Gefühlserlebnissen ... Je größer die Intensität im Fühlen und Erleben, um so reicher wird das Leben, um so vielfältiger wird die Teilhabe an der Welt, um so liebesfähiger und auch bindungsfähiger wird der Mensch. ... Wer nichts fühlt, versteht weder die anderen noch sich selbst« (*Hildegund Fischle-Carl,* Fühlen was Leben ist, Stuttgart

1977, S. 9 und 18). Matthias Claudius (1740–1832) formuliert schlicht und kurz: »Wahre Empfindungen sind eine Gabe Gottes und ein großer Reichtum, Geld und Ehre sind nichts gegen sie.«

Auf die Vordergründigkeit des rationalen Denkens und auf einen entscheidenden Zusammenhang zwischen Denken und Fühlen weist *Robert Musil* hin: »Mit den Gedanken ist es eine eigene Sache. Sie sind oft nicht mehr als Zufälligkeiten, die wieder vergehen, ohne Spuren hinterlassen zu haben. ... Man kann eine geniale Erkenntnis haben, und sie verblüht dennoch, langsam, unter unseren Händen, wie eine Blume ... Ein Gedanke, er mag schon lange vorher durch unser Hirn gezogen sein, wird erst in dem Moment lebendig, da etwas ... zu ihm hinzutritt, so daß wir seine Wahrheit fühlen ... Eine große Erkenntnis vollzieht sich nur zur Hälfte im Lichtkreis des Gehirns, zur anderen Hälfte in dem dunklen Boden des Innersten, und sie ist vor allem ein Seelenzustand, auf dessen äußerster Spitze der Gedanke nur wie eine Blüte sitzt« (Robert Musil, Die Verwirrungen des Zöglings Törless, rororo 300, S. 144 f.).
*Ergänzung:*

## 8.3. Kritische Reflexion

Die spiegelnde Methode ist kein »Allheilmittel« und darf nicht absolut gesetzt werden. Wie jede andere therapeutische Methode hat sie ihre Grenzen. Immerhin lehren Erfahrung und wissenschaftliche Forschung, daß das Spiegeln für die meisten Gespräche nützlich ist.

Wenn der Therapeut spiegelt, so bedeutet das nicht, daß er den Äußerungen des Klienten zustimmt. Das Spiegeln ermöglicht dem Klienten, daß er seine Äußerungen und sein Wesen selber deutlicher sieht und dann selber herausfindet, ob er sich gegenüber seinen eigenen Äußerungen (und seinem Wesen) eher zustimmend oder eher ablehnend verhalten will.

Das Spiegeln hat das Ziel, das Unbewußte (z. B. verdrängte Affekte und Wünsche) anzusprechen, möchte dem Klienten helfen, abgewehrte Anteile seiner Person ins Bewußtsein zu bekommen und damit akzeptierend umzugehen. Insofern hat es das Spiegeln mit »heißen« Themen und Gefühlen zu tun und wird dementsprechend oft als gefährlich und angsterregend erlebt. Es stößt also auf Abwehr, auf die ganze Skala von Abwehrmechanismen. Daraus ergibt sich als Konsequenz, daß der Therapeut beim Spiegeln vorsichtig vorgeht, geduldig und beharrlich, und daß er vor allem auch die Ängste und Abwehrmechanismen des Klienten verbalisiert.
*Ergänzung:*

## 8.4. Konkretion

a) Ich vergegenwärtige mir »an Hand von Äußerungen des Klienten dessen phänomenales Erleben umfassend und präzise, gleichsam von der Innenseite des Klienten her« und teile ihm dann mit, was ich in tiefer Weise verstanden habe (*Tausch* 1973, 296ff.).

b) Ich spiegele vor allem:

- gefühlsnahe und gefühlsbetonte Äußerungen des Klienten,
- dem Klienten nahestehende und nahegehende Äußerungen,
- Wünsche und Ziele des Klienten,
- Einstellungen und gefühlsmäßige Bewertungen des Klienten,
- Wirkung der Person des Klienten auf andere Menschen und Rückwirkungen von Personen und Sachen auf den Klienten.

c) Ich spiegele möglichst alle wichtigen Klientenäußerungen und vermeide so die Gefahr, daß entscheidende Dinge unter den Tisch fallen und daß ich beim Verbalisieren nach meinen subjektiven Gesichtspunkten auswähle. Ich spiegele (nach Möglichkeit) gleich im Anschluß an jede wichtige Klientenäußerung; auf diese Weise erhält der Klient die Chance, sich in dieser Hinsicht noch mehr zu explorieren, und umgeht ein unfruchtbares Aufzählen wichtiger Erlebnisse.

d) Ich spiegele kurz, denn langatmige Verbalisierungen würden den Gedanken- und Redefluß des Klienten stören und schwer verständlich sein.

e) Ich spiegele konkret, indem ich spezielle und »greifbare« Äußerungen des Klienten aufnehme und so den Klienten zu weiteren konkreten, differenzierten Äußerungen ermuntere; hilfreich sind auch anschauliche, bildhafte Verbalisierungen. Abstraktes Verbalisieren bleibt oft unverständlich, unverbindlich, allgemein und veranlaßt den Klienten, daß er auch abstrakt redet.

Manchmal kann ich den Klienten zu konkreten Äußerungen ermuntern, indem ich etwas sage: »Es beschäftigt mich, wie das, was Sie sagen, im konkreten Alltag aussieht«, »Ich kann mir das, was Sie meinen, noch nicht so genau und plastisch vorstellen.«

f) Ich konzentriere mich beim Spiegeln vor allem auf das, was der Klient im Augenblick (»hier und jetzt«) erlebt und fühlt.

g) Wenn der Klient wenig von sich selber und seinen Gefühlen spricht und also lange bei fernliegenden (externalen) Themen verweilt (z. B. Berichte über andere Personen), versuche ich herauszufinden, was das für ihn bedeutet: Was erlebt der Klient jetzt gerade in seinem Inneren? Welche gefühlsmäßigen Beziehungen hat er zu dem, was er sagte (inneres Bezugssystem)? Inwiefern betrifft ihn das persönlich? Ich spreche den Klienten in dieser Hinsicht etwa so an: »Ich frage mich, was das für Sie bedeutet«, »Es beschäftigt mich, wie das auf Sie wirkt, was da in Ihnen vorgeht«.

h) Ich spiegele möglichst exakt (bin also kein Zerrspiegel, kein optimistisch oder pessimistisch gefärbter Spiegel) und zeige dem Klienten auf diese Weise, daß ich ihn genau verstehe. Wenn ich solche Exaktheit einmal nicht erreiche, kann ich mein Verbalisieren einleiten (oder abschließen) mit Redewendungen wie: »Ist es so ...?«, »Wenn ich Sie recht verstanden habe ...«.

i) Wenn ich den Klienten nicht verstanden habe, oder wenn er Gefahr läuft, zu schnell über ein Problem oder Gefühl hinwegzugehen, kann ich beispielsweise so intervenieren: »Ich bin nicht sicher, ob ich Sie ganz verstanden habe«, »Ich möchte Sie da noch besser verstehen können«, »Vielleicht können Sie das noch näher ausführen, damit es uns beiden klarer wird.«

j) Ich kann halbverbal und nonverbal zeigen, daß ich den Klienten in seinem Erleben und Fühlen verstehe.

Beispiele: Bei wichtigen Klientenäußerungen reagiere ich mit »mhm« oder »ja«, ich nicke mit dem Kopf oder nehme intensiven Blickkontakt auf, ich beuge den Oberkörper vor und wende mich auf diese Weise intensiv dem Klienten zu. Halbverbal oder nonverbal zu antworten, kann für mich eine Entlastung sein: Ich muß nicht auf alle wichtigen Klientenäußerungen mit einem Satz reagieren.

k) Wenn ich die Gefühle und Wünsche des Klienten nicht erkenne und sie nicht einigermaßen rasch zu verbalisieren vermag, kann ich mich mit indirekten (zur Not auch mit direkten) Fragen nach seinen Gefühlen erkundigen. Das bedeutet für mich eine Erleichterung, macht aber dem Klienten die Antwort schwerer.

Beispiel für indirekte Fragen:

»Ich frage mich, wie Sie das gefühlsmäßig erleben.« »Ich versuche zu verstehen, welches Gefühl Sie in diesem Augenblick haben.« »Ich halte es für wichtig, herauszufinden, was Ihr Herz (Ihr Körper) dazu sagt.« »Ich nehme an, daß hinter oder unter ihrer Aussage ein bestimmtes Gefühl steht.«

Beispiele für direkte Fragen:

»Können Sie einmal auf Ihr Inneres, auf die Stimme des Gefühls hören?« »Was sagt Ihr Gefühl (Ihr Herz, Ihr Körper) dazu?« »Was geht innerlich vor in Ihnen?« »Können Sie erspüren, welche Gefühle in Ihnen laut werden?« »Welche Gefühlsanteile (Gefühlsstrom, Gefühlshintergrund) stehen da wohl dahinter?«

l) Ich beachte und achte sorgfältig meine eigenen Gefühle, ich spiegele sie zunächst für mich selber und spreche sie aus, wo es hilfreich scheint: Meine Gefühle haben in der Regel etwas zu tun mit dem, was der Klient sagt und fühlt.

Beispiel: »Was Sie sagen, weckt in mir Gefühle wie Unmut und Ärger (oder Traurigkeit oder ...), aber welches Gefühl haben Sie?«

m) Ich beachte, daß meine Verbalisierungen übereinstimmen müssen mit meinen nonverbalen Äußerungen (z. B. Sitzhaltung, Sprechqualität): Wenn es hier keine Identität und Echtheit gibt, kann mein Verbalisieren vom Klienten nicht angenommen werden.

n) Ich spiegele neben den verbalen Äußerungen des Klienten auch die nonverbalen, z. B. den Gesichtsausdruck, die Sitzhaltung, den Tonfall usw. Nonverbal äußert sich der Klient manchmal offener und weniger geschützt als verbal.
o) Ich spiegele die emotionalen Erlebnisse und Interessen des Klienten und spreche selten von meinen eigenen Gefühlen und Gedanken. Sprachlich zeigt sich das darin, daß ich oft das Wörtchen »Sie« benütze (»Sie haben das Gefühl, daß ...«, »Sie wünschen sich, daß ...«) und selten oder nie die Wörtchen »ich«, »wir«, »man«.
p) Ich achte darauf, daß mein Spiegeln nicht mechanisch und fassadenhaft verläuft oder gar eine echoartige Wiederholung ist. Ich praktiziere also innere Anteilnahme und aktives Bemühen, ich verwende andere Wörter als der Klient (Synonyme oder Antonyme, vgl. dazu die praktischen Übungen Nr. 4 und 5!).
q) Ich vermeide alle »Gefahren und Laster der Gesprächsführung« (vgl. dieses Kapitel!).
r) Ich überfordere mich nicht selber, weil sich sonst Unlust, Resignation usw. einstellen. Konkret heißt das: Ich finde heraus, welche Konkretionen dieses Kapitels momentan wichtig für mich sind und welche ich mir zunächst aneignen möchte und kann, – der Rest kommt später.
s) Was »Verbalisierung emotionaler Erlebnisinhalte« konkret bedeutet, skizzieren die nachfolgenden Einschätzungsskalen in übersichtlicher und zusammenhängender Weise. Anhand dieser Skalen kann der Therapeut sein Verhalten kontrollieren und verbessern:

*Einschätzungsskala I**

*Stufe 1:* Die Äußerungen des Psychotherapeuten befassen sich entweder nicht mit den verbalen oder nicht-verbalen Äußerungen des Klienten oder reduzieren sie deutlich, indem sie bedeutsam weniger Gefühlsinhalte des Klienten kommunizieren, als dieser selbst äußerte.

Der Psychotherapeut zeigt nicht einmal, daß ihm die offen ausgedrückten Oberflächengefühle des Klienten bewußt sind. Er mag gelangweilt oder uninteressiert sein oder er geht von einem vorgefaßten Bezugspunkt aus, der den des Klienten völlig ausschließt.
*Stufe 2:* Der Psychotherapeut geht zwar auf die vom Klienten geäußerten Gefühlsinhalte ein, aber er läßt bemerkenswerte Affekte außer acht, die der Klient kommuniziert. Der Psychotherapeut mag einiges Bewußtsein der augenscheinlichen Oberflächengefühle des Klienten zeigen; aber seine Äußerungen setzen das

* Diese Skala stammt von *R. R. Carkhuff* und wird zitiert nach *Tausch* 1973, 296.

affektive Niveau herab und verzerren die Bedeutung. Er mag seine eigenen Vorstellungen mitteilen, die jedoch nicht mit dem übereinstimmen, was der Klient äußert.

*Stufe 3:* Die Äußerungen, mit denen der Psychotherapeut auf die vom Klienten geäußerten Gefühlsinhalte eingeht, sind im wesentlichen austauschbar mit den Äußerungen des Klienten, da sie im wesentlichen dieselben Affekte und Bedeutungen ausdrücken. Der Psychotherapeut mag mit treffendem Verständnis auf die Oberflächengefühle des Klienten eingehen, aber er geht nicht auf die tieferen Gefühle ein oder er mißversteht sie.

*Stufe 4:* Die Äußerungen des Psychotherapeuten tragen sichtbar zu dem bei, was der Klient sagt, indem sie gefühlsmäßige Erlebnisinhalte tiefer ausdrücken, als der Klient selbst es konnte.

Der Psychotherapeut kommuniziert sein Verständnis der Äußerungen des Klienten auf einem tieferen Niveau und befähigt damit den Klienten, Gefühle zu erfahren und/oder auszudrücken, die er vorher nicht ausdrücken konnte.

*Stufe 5:* Die Äußerungen des Psychotherapeuten bereichern bedeutsam die Gefühle und die Bedeutung der Äußerungen des Klienten, 1. indem sie die Gefühlsinhalte tiefer ausdrücken, als der Klient selbst es konnte, oder 2. indem sie im Falle fortschreitend tiefer Selbstexploration des Klienten vollständig mit ihm gehen in dessen tiefsten Augenblicken. Der Psychotherapeut geht mit Genauigkeit auf alle tieferen sowie oberflächlicheren Gefühle des Klienten ein. Er ist »zusammen« mit dem Klienten oder »auf seiner Wellenlänge«. Psychotherapeut und Klient können dazu übergehen, bisher unerforschte Bereiche menschlicher Existenz zu erforschen.

*Einschätzungsskala II**

*Stufe 2:* Der Therapeut geht nicht auf die Erlebnisse und Gefühle des Klienten ein; er belehrt, ermahnt usw., er führt von sich aus neue Themen ein.

*Stufe 4:* Der Therapeut verbalisiert äußere Sachverhalte und Erlebnisinhalte.

*Stufe 6:* Der Therapeut verbalisiert nebensächliche Erlebnisinhalte.

*Stufe 8:* Der Therapeut verbalisiert einen Teil der wesentlichen Erlebnisinhalte.

*Stufe 10:* Der Therapeut verbalisiert den überwiegenden Teil der Erlebnisinhalte.

*Stufe 12:* Der Therapeut verbalisiert in genauer Form alle wesentlichen Erlebnisinhalte.

* Diese Skala stammt von *Truax,* wurde von *Tausch* und anderen bearbeitet, zu Übungszwecken in eine leicht zu handhabende schematische Kurzform gebracht, vgl. *Tausch,* Gesprächspsychotherpie, 1970, 82–84. Obige Skala stellt eine Überarbeitung des Modells von *Tausch* dar.

## 8.5. Praktische Übungen

*Übung 1*

Stufen Sie bitte die nachfolgenden Therapeutenäußerungen ein gemäß der Einschätzungsskala II (*Tausch* 1970, 102, 43):

Klientin: *Der Mann, mit dem ich nun in Verbindung stehe, – eh – der ist, möchte ich fast sagen, noch sensibler als ich, und auch den muß ich dauernd auffangen. Ich weiß nicht, ob ich Ihnen die Situation einigermaßen geschildert habe. Bloß habe ich im Augenblick das Gefühl, entweder – irgendwo – hakt es einfach bei mir aus.*

a) Sie sollten sich mehr anstrengen, das zu überwinden.
b) In welchen Situationen ist das der Fall?
c) Sie stützen den Mann seelisch.
d) Sie wollen jetzt Ruhe haben.
e) Der Mann ist sehr labil, und das belastet Sie?!
f) Sie können die Situation nicht bewältigen.
g) Es wird Ihnen zuviel, wenn alles so zusammenkommt.
h) Es ist alles für Sie so schwierig geworden, und Sie spüren jetzt, Sie können das nicht mehr bewältigen.

Klientin: *Und die ganze Familie, wie gesagt, macht mir, abgesehen von meiner Tochter – machen mir meine Schwester und alle auch noch den Vorwurf: Du bist dem Kind gegenüber nicht hart genug, obwohl sie aus ihren Erfahrungen mit mir ja wissen müßten, daß ich – wenn jemand zu mir kommt – zu helfen versuche. Das heißt also, sie – sie – sie verlangen da von mir eine Haltung – das nutzt alles nichts, du mußt dich durchsetzen, und wenn du jeden Tag draufhaust. – Wo kriegt man aber das Rückgrat her, wenn man eben – oder – wo kriegt man diese – das her, wenn man's nicht hat?*

a) Glauben Sie nicht, daß es besser wäre, wenn Sie sich in diesem Punkt nicht von Ihrer Schwester bestimmen lassen?
b) Man kann alles lernen, Sie also auch, was Sie gerade Rückgrat nennen.
c) Erzählen Sie doch bitte noch ein bißchen mehr darüber!
d) Wieso glauben Sie, daß Sie dieses Rückgrat nicht haben?
e) Sie haben das Gefühl, daß von Ihnen etwas erwartet wird, was Ihrer Natur zuwiderläuft.
f) Ich kann Sie verstehen, aber Sie sollten doch daran denken, was für das Kind das beste ist.

g) Sie brauchen sich nicht zu bemühen, hart zu sein, wenn es Ihrer Natur nicht entspricht.
h) Meinen Sie, daß Sie mit Prügeln aus Ihrem Kind einen anderen Menschen machen könnten?
i) Warum meinen Sie, daß Sie sich nicht durchsetzen? Sind Sie wirklich weich dem Kinde gegenüber?
k) Sie fragen sich, wie Sie so hart sein können, wie es die anderen von Ihnen wünschen, wo Sie doch diese Härte nicht haben.

*Übung 2*

Bitte notieren Sie zu den nachfolgenden Klientenäußerungen jeweils eine spiegelnde Antwort (*Faber-Schoot,* 1968). Im Anschluß daran stufen Sie Ihre Lösungsversuche ein gemäß der Einschätzungsskala II (vgl. Konkretion »s«).

Kl. 1: (Klientin, 69 Jahre):
*Ich hoffe nicht, daß Sie mich albern finden, Herr Pfarrer, wenn ich Ihnen erzähle, was mich bedrückt.*

Th. 1:

Kl. 2: *Ich komme nicht damit zurecht, ich kann nicht darüber hinwegkommen, daß mein Bruder gestorben ist.*

Th. 2:

Kl. 3: *Es ist, als ob das Leben keinen Sinn mehr hat.*

Th. 3:

Kl. 4: *Wenn man nach Hause kommt, fällt die Leere immer wieder auf einen.*

Th. 4:

Kl. 5: *Ist das Sünde, Herr Pfarrer, wenn man so etwas sagt?*

Th. 5:

Kl. 1: (Klientin ist 50 Jahre alt, Hausschneiderin, hat eine schwere Operation hinter sich und liegt im Krankenhaus): *Ich muß mich immer übergeben. Ich bin noch nicht viel wert.*

Th. 1:

Kl. 2: *Ab und zu komme ich wohl aus dem Bett, aber ich bin noch zu krank.*

Th. 2:

Kl. 3: *Ich behalte den Kopf oben. Ich lasse den Mut nicht sinken.*

Th. 3:

Kl. 4: *Ich mag eigentlich die älteren Schwestern lieber als die jüngeren. Die sorgen noch nicht richtig für einen. Sie lassen einem die Schüssel einfach unter der Nase stehen, wenn man sich übergeben hat. So etwas tut eine ältere Schwester nicht. Abends, wenn man gerade im Schlaf liegt, drehen sie einem plötzlich das volle Licht an. So etwas tut man nicht, wenn man an seinen Mitmenschen denkt.*

Th. 4:

Kl. 5: *So eine ältere Schwester, die sieht mehr, die sorgt mehr für einen. Das hat man nötig.*

Th. 5:

Kl. 6: *Wir haben hier vorigen Donnerstag eine Abendmahlsfeier gehabt. Ich habe auch daran teilgenommen. Es war in dem andren Saal. Wir wurden in unseren Betten dorthin gefahren. Ja, gerade im Krankenhaus hat man ein stärkeres Bedürfnis danach. Man empfindet dann mehr dabei.*

Th. 6:

Kl. 7: *Der Arzt hat meinen Sohn gefragt, ob ich gehofft hatte, zu Ostern nach Hause zu kommen. Er habe mich oft so still nach draußen blikken sehen. Er fürchtete, ich grübelte zuviel.*

Th. 7:

Kl. 8: *Ich verstehe, daß ich noch nicht nach Hause kann. Ich würde nur zur Last fallen. Mein Blut muß erst ganz in Ordnung sein. Man ist hier auch nicht schlecht aufgehoben.*

Th. 8:

*Übung 3*

Nachstehend finden Sie zu insgesamt neun Klientenäußerungen jeweils fünf therapeutische Antworten. Dabei ist (mit Ausnahmen) gutes Therapeutenverhalten angestrebt – offenbar gibt es hier vielfältige Ausformungen. Bitte prüfen Sie, inwieweit die Therapeutenäußerungen gut sind (vgl. die verschiedenen Lernimpulse und Einschätzungsskala dieses Lehrbuches!). Überlegen Sie, inwieweit diese Therapeutenäußerungen Modellcharakter für Ihre Praxis haben.

Ausschnitte aus einem Gespräch mit einem Maschinenbauingenieur, 30, verheiratet, 1 Kind:

Kl. 1: *Bei mir gibt es da ein stark retardierendes Moment. Ich kann mich nicht entscheiden, ich lasse mich lieber in Entscheidungen hineindrängen. Im Beruf und privat werde ich oft an die Wand gedrängt.*

Therapeutenäußerungen:

a) *Sie möchten da mehr Widerstand leisten können.*
b) *Sie haben spontan keine eigene Meinung und fühlen sich dann oft überrollt.*
c) *Sie erleben sich da als recht schwach, und darunter leiden Sie.*
d) *Es fällt Ihnen schwer, Ihre persönlichen Interessen und Bedürfnisse anderen gegenüber zu behaupten.*
e) *... daß Sie da zu kurz kommen mit Ihren Wünschen.*

Kl. 2: *Wenn ein Mädchen mich liebt, gehe ich darauf ein, aber ich selbst werde nicht aktiv, ich kämpfe nicht um eine Frau.*

Therapeutenäußerungen:

a) *Sie fragen sich, wie Sie da mehr aus sich herausgehen könnten.*
b) *Ist es so, daß Sie da irgendwie keine Lust haben, oder aber Angst empfinden?*
c) *Sie scheuen sich davor, Ihre Gefühle deutlich zu zeigen.*
d) *Sie leiden da unter Ihrer Passivität.*
e) *Irgend etwas lähmt Sie dann.*

Kl. 3: *Wenn ich in einer Gruppe bin, spiele ich immer die neutrale Mitte. Von Sympathie oder Antipathie spreche ich nie. Wenn andere Menschen aktiv und emotional werden, erscheint mir das immer als Marionettentheater.*

Therapeutenäußerungen:

a) *Es scheint Ihnen so fremd, wenn die anderen lebhaft werden.*
b) *Sie fühlen sich nur wohl, wenn Sie und die anderen zurückhaltend sind.*
c) *Sie scheuen sich davor, Ihre Gefühle deutlich zu zeigen.*
d) *Gefühle auszusprechen, das stößt Sie ab.*
e) *Es fällt Ihnen schwer, Gefühle zum Ausdruck zu bringen.*

Kl. 4: *Meine Liebe zu meiner Frau ist geringer als ihre zu mir. Ich könnte es verkraften, wenn meine Frau einmal fremd ginge. Sie würde mir das niemals zugestehen.*

Therapeutenäußerungen:

a) *Ist es so, daß Sie das etwas beschämt?*
b) *Sie fühlen sich nicht so stark gebunden an Ihre Frau.*
c) *Hier klafft etwas auseinander, und das belastet Sie.*
d) *Das wirkt auf Sie beunruhigend und bedrohend.*
e) *Sie empfinden für Ihre Frau nicht so viel, wie Ihre Frau für Sie.*

Kl. 5: *Ich habe geheiratet, weil es meine Frau wollte. Ich wußte damals nicht genau, was ich wollte. Ich erlebe meine Ehe manchmal als Fessel. Ich muß mehr Liebe schenken, als ich kann.*

Therapeutenäußerungen:

a) *Von Anfang an bis zum heutigen Tag ist es so eine Überforderung für Sie.*
b) *Sie spüren, daß Sie da irgendwie ausgesogen werden.*
c) *Das bedrückt Sie, und insgeheim müssen Sie Ihrer Frau Vorwürfe machen.*
d) *Sie fühlen sich überfordert und wünschen sich mehr Freiheit.*
e) *Das ist zeitweise wie ein Joch, das Sie abschütteln möchten.*

Kl. 6: *Ich kann meine Persönlichkeit nicht entfalten, ich kann am Wochenende nicht tun, was ich will. Meine Frau macht hier nicht mit, es kommt dann zu Szenen, schließlich resigniere ich.*

Therapeutenäußerungen:

a) *Sie spüren, daß da noch viel mehr in Ihnen steckt, das aber im Moment wie eingesperrt ist.*
b) *Manchmal wollen Sie sich freiboxen, aber das will und will nicht funktionieren.*
c) *Das macht Sie ziemlich fertig.*
d) *Sie können Ihre persönlichen Interessen einfach nicht durchsetzen.*
e) *Das bedeutet, daß Sie an allen Ecken und Enden eingeengt sind.*

Kl. 7: *Meine Frau hat da so idealistische Vorstellungen, daß man alles gemeinsam tun müßte. Sie stellt sich eine Ehe sehr ideal vor. Ich beurteile das manchmal als unreif, fast krankhaft.*

Therapeutenäußerungen:

a) *Sie haben da ganz andere Vorstellungen.*
b) *Sie können mit den Wünschen Ihrer Frau wenig anfangen, Sie wollen aber Ihren eigenen Weg gehen, eine private Ecke haben.*
c) *Sie fühlen sich dann so ganz fremd neben Ihrer Frau.*
d) *Sie fühlen sich durch Ihre Frau zu Gefühlen gezwungen, die Sie einfach nicht aufbringen können.*
e) *Sie sehnen sich nach mehr Bewegungsfreiheit.*

Kl. 8: *Wenn meine Frau großzügig wäre und mir Freiheit ließe, würde das gut auf mich wirken. Aber sie wünscht, daß ich jede freie Minute für sie und den Sohn verwende – ich liebe meinen Sohn. Wenn ich am Sonntagmorgen Sport machen will, will sie liegen bleiben. Wenn ich mit Freunden wandern will, soll ich unseren Sohn mitnehmen.*

Therapeutenäußerungen:

a) *Irgendwie fühlen Sie sich da ständig gegängelt.*
b) *Wenn Sie mehr Spielraum hätten, wären Sie Ihrer Frau dankbar und könnten richtig aufleben.*
c) *Daß Sie da eigentlich in Ihrer Ehe Ihre Bedürfnisse nie erfüllt bekommen.*
d) *So eingeengt, macht Ihnen Ihr Leben und Ihre Ehe wenig Freude.*
e) *Sie sehnen sich nach mehr Bewegungsfreiheit.*

Kl. 9: *Durch ihr Gängeln erreicht meine Frau bei mir genau das Gegenteil. Wenn sie weniger Zwang anwenden würde, könnte ich mehr auf sie eingehen, könnte ich auch den Zwang zur Heirat überwinden. Aber sie will mich ganz, oder sie will die Scheidung.*

Therapeutenäußerungen:

a) *Dieser Druck, den Sie da spüren, erschreckt Sie und empört Sie.*
b) *Dieses extreme Vorgehen geht Ihnen so sehr gegen den Strich, daß Sie kaum mehr einlenken könne.*
c) *Sie fühlen sich da richtig ausgeliefert.*
d) *Sie erleben das als starke Einengung, so daß Sie kaum noch eigene Gedanken und Gefühle haben können.*
e) *Wenn Ihnen Ihre Frau entgegenkäme, fühlten Sie sich wohler in Ihrer Haut und in Ihrer Ehe.*

*Übung 4*

Ziel der folgenden Übung ist es, daß Sie sich in einer vorläufigen Weise im Verbalisieren emotionaler Erlebnisinhalte üben und dabei Ihren Sprachschatz erweitern.

Stellen Sie sich bitte vor, ein Klient spricht zu Ihnen über seine Gefühle und gefühlsmäßigen Einstellungen. Aus der jeweiligen Klientenäußerung (1–25) geht hervor, daß der Klient z. B. ärgerlich ist. Diese Empfindung wollen Sie bitte spiegeln: Notieren Sie dazu Wörter, die dem genannten (ärgerlich sein) entsprechen (zornig sein, wütend sein, aus dem Gleichgewicht kommen) bzw. Wörter, die in etwa das Gegenteil ausdrücken (gelassen sein, sich ausgeglichen fühlen).

| Empfindung | Synonym | Antonym |
|---|---|---|
| 1. ärgerlich sein | | |
| 2. zufrieden sein | | |
| 3. sich geborgen fühlen | | |
| 4. ängstlich sein | | |
| 5. sich betrogen fühlen | | |
| 6. sich allein fühlen | | |
| 7. sich zurückgewiesen fühlen | | |
| 8. Beklemmung verspüren | | |
| 9. mutig sein | | |
| 10. stolz sein | | |
| 11. bedrückt sein | | |
| 12. unsicher sein | | |
| 13. nichts leisten können | | |
| 14. zärtlich sein | | |
| 15. dankbar sein | | |
| 16. herzlich sein | | |
| 17. hoffnungsvoll sein | | |
| 18. völlig leer sein | | |
| 19. Schmerz verspüren | | |
| 20. träge sein | | |
| 21. sich ausgelacht fühlen | | |
| 22. sich unbeweglich fühlen | | |
| 23. Stimmungsschwankungen verspüren | | |
| 24. sich impotent fühlen | | |
| 25. sich anders als andere erleben | | |

*Übung 5*

Hier finden Sie fünf Klientenäußerungen und dazu verschiedene modellhafte Therapeutenäußerungen. Im ersten Abschnitt antwortet der Therapeut mit Synonymen, dann mit Antonymen, anschließend verbalisiert er Wünsche des Klienten und abschließend bietet er Anregungen und Impulse an.

Kreuzen Sie bitte die Therapeutenäußerungen an, die Sie für besonders hilfreich halten! Ehe Sie damit beginnen, notieren Sie bitte eine spiegelnde Antwort zu den Klientenäußerungen 1 bis 5!

*Beispiele für synonyme Therapeutenäußerungen*

Kl. 1: (Lehrerin, 42 Jahre, geschieden): *Bis vor einem Jahr habe ich gehofft, daß mein Mann eines Tages wieder zu mir zurückkehrt. Aber er fügt mir eine Enttäuschung nach der anderen zu. Und trotzdem hoffe ich manchmal noch.*

Therapeutenäußerungen:

a) *Sie sind erstaunt, daß Sie immer noch so an ihm hängen.*
b) *Sie fühlen sich hin- und hergerissen zwischen Verzweiflung und Hoffnung.*
c) *Sie fühlen sich da von Ihrem Mann sehr im Stich gelassen.*
d) *... daß Sie sich wie auf einem sinkenden Schiff fühlen.*

Kl. 2: *Es ist ein richtiger Teufelskreis: Einmal bin ich unheimlich traurig, dann überfällt mich wieder eine große Wut. Mein Mann will von dem allem nichts wissen, er versteckt sich hinter freundlichen Worten.*

Therapeutenäußerungen:

a) *... daß so innerlich ein Orkan losbricht und Sie von niemand Anteilnahme spüren.*
b) *Sie fühlen sich allein gelassen mit Ihren Tränen und Ihrem Zorn.*
c) *Das reibt Sie auf, das macht sie mürbe.*
d) *Sie schwanken da zwischen Haß und Resignation, ohne einen Ausweg zu finden.*

Kl. 3. *Was mein Mann ist, ist er durch mich geworden. Und jetzt hat er mich aufs Abstellgleis geschoben und macht sich gemeinsam mit seiner Freundin ein schönes Leben.*

Therapeutenäußerungen:

a) *Sie fühlen sich abgeschoben, und das empört Sie.*
b) *Sie fühlen sich jetzt von ihm ganz im Stich gelassen.*
c) *... daß Sie sich ausgenützt und mißbraucht fühlen.*
d) *Das enttäuscht Sie, tut Ihnen weh.*

Kl. 4: *Noch mehr als meinen Mann hasse ich seine Freundin, aber sie weicht mir ständig aus.*

Therapeutenäußerungen:

a) *... daß sie sich Ihnen gar nicht stellt, das bringt Sie noch mehr in Wut.*
b) *Fast ersticken Sie daran, daß Sie Ihren Haß nicht an den Mann bringen können.*
c) *Am liebsten würden Sie ihr ins Gesicht spucken, ist es das?*
d) *Innerlich kommen Sie da richtig ins Kochen.*

Kl. 5: *Manchmal, besonders wenn ich depressiv gestimmt bin, möchte ich die beiden am liebsten verschlagen. Aber das brächte mir auch keine Befreiung. Ich habe einen Riesenhaß, wie soll ich ihn loswerden?*

Therapeutenäußerungen:

a) *Diese Wut sitzt Ihnen im Nacken, sie läßt sich nicht abschütteln.*
b) *Sie möchten diese Wut gerne loswerden, aber sie beherrscht Sie richtig.*
c) *Sie können Ihren Gefühlen so oder so nicht Raum geben.*
d) *Dieser Haß macht Ihnen das Leben schwer und die Hölle heiß.*

*Beispiele für antonyme Therapeutenäußerungen*

(Der Therapeut drückt negativ aus, was der Klient positiv formulierte, oder verbalisiert positiv, was der Klient negativ ausdrückte.)

Kl. 1: (Lehrerin, 42, geschieden): *Bis vor einem Jahr habe ich gehofft, daß mein Mann eines Tages wieder zu mir zurückkehrt. Aber er fügt mir eine Enttäuschung nach der anderen zu. Und trotzdem hoffe ich manchmal noch.*

Therapeutenäußerungen:

a) *Sie können das nicht verstehen, daß Sie sich von ihm noch nicht lösen können.*
b) *Sie kommen einfach noch nicht los von ihm.*
c) *Sie haben da gar keinen festen Boden unter den Füßen, keine klare Zukunft.*
d) *Trotz Ihrer Enttäuschung können Sie die Hoffnung nicht aufgeben.*

Kl. 2: *Es ist ein richtiger Teufelskreis: Einmal bin ich unheimlich traurig, dann überfällt mich wieder eine große Wut. Mein Mann will von all dem nichts wissen, er versteckt sich hinter freundlichen Worten.*

Therapeutenäußerungen:

a) *Sie können sich diesem Teufelskreis von Trauer und Wut einfach nicht entziehen.*
b) *Da ist fast nichts mehr, was Ihr Leben angenehm und lebenswert macht.*
c) *... daß Sie so gar nicht das Gefühl haben dürfen, daß sich jemand um Sie bemüht.*
d) *Sie können gar nicht mehr froh und gelassen sein.*

Kl. 3: *Was mein Mann ist, ist er durch mich geworden. Und jetzt hat er mich aufs Abstellgleis geschoben und macht sich gemeinsam mit seiner Freundin ein schönes Leben.*

Therapeutenäußerungen:

a) *Über diese Ungerechtigkeit können Sie einfach nicht hinwegkommen.*
b) *Ihre Zukunft erscheint gar nicht mehr sinnvoll und schön.*
c) *Das alles raubt Ihnen die Freude am Leben.*
d) *Dieses Weggeschobenwerden können Sie gar nicht verstehen.*

Kl. 4: *Noch mehr als meinen Mann hasse ich seine Freundin, aber sie weicht mir ständig aus.*

Therapeutenäußerungen:

a) *Irgendwie löst sich der Druck bei Ihnen so lange nicht, wie Sie so wehrlos sind.*

b) *... daß Sie so gar nichts tun und ändern können, das macht Sie so hilflos und wehrlos.*
c) *Im Augenblick können Sie an diesen zwei Menschen überhaupt nichts Gutes finden.*
d) *Sie können weder Verständnis noch Sympathie für diese Frau empfinden.*

Kl. 5: *Manchmal, besonders wenn ich depressiv gestimmt bin, möchte ich die beiden am liebsten verschlagen. Aber das brächte mir auch keine Befreiung. Ich habe einen Riesenhaß, wie soll ich ihn loswerden?*

Therapeutenäußerungen:

a) *Diese Wut macht Sie so richtig unfrei und läßt Ihnen keine Ruhe mehr.*
b) *... daß Sie diese Wut so gar nicht loswerden können und Sie so gar nicht mehr Sie selber sein können.*
c) *Sie leiden darunter, daß es für Sie so gar keine Ruhe und keinen Frieden gibt.*
d) *Es bedrückt Sie sehr, daß Sie keine Befreiung und Erleichterung finden.*

*Beispiele für Therapeutenäußerungen, die Wünsche und Ziele des Klienten verbalisieren*

Kl. 1: (Lehrerin, 42 Jahre, geschieden): *Bis vor einem Jahr habe ich gehofft, daß mein Mann eines Tages wieder zu mir zurückkehrt: Aber er fügt mir eine Enttäuschung nach der anderen zu. Und trotzdem hoffe ich manchmal noch.*

Therapeutenäußerungen:

a) *Eigentlich möchten Sie so innerlich noch nicht von ihm weg.*
b) *Auch wenn es Ihnen ganz widersprüchlich erscheint, sehnen Sie sich noch nach ihm.*
c) *Sie klammern sich an einen Strohhalm und würden so gerne mit Ihrem Mann in einem Boot sitzen.*
d) *Sie wollen diese Enttäuschung abschütteln, Ihre Einsamkeit durchbrechen.*

Kl. 2: *Es ist ein richtiger Teufelskreis: Einmal bin ich unheimlich traurig, dann überfällt mich wieder eine große Wut. Mein Mann will von dem allem nichts wissen, er versteckt sich hinter freundlichen Worten.*

Therapeutenäußerungen:

a) *... daß Sie sich so in Ihrer inneren Angst an jemand anlehnen möchten.*
b) *Sie haben das satt, Sie wollen das ändern.*
c) *Irgendwie wollen Sie Ihre traurigen und zornigen Gefühle bei Ihrem Mann aussprechen und abladen.*
d) *Um aus Ihrem Teufelskreis herauszukommen, möchten Sie gerne mit Ihrem Mann sprechen.*

Kl. 3: *Was mein Mann ist, ist er durch mich geworden. Und jetzt hat er mich aufs Abstellgleis geschoben und macht sich gemeinsam mit seiner Freundin ein schönes Leben.*

Therapeutenäußerungen:

a) *Das empört Sie so, daß Sie am liebsten dazwischenfahren würden.*
b) *Das treibt Sie auf die Barrikaden.*
c) *Sie wollen sich Ihr Leben nicht verpfuschen lassen.*
d) *Sie möchten nicht abgeschoben werden.*

Kl. 4: *Noch mehr als meinen Mann hasse ich seine Freundin, aber sie weicht mir ständig aus.*

Therapeutenäußerungen:

a) *Sie möchten mal irgendwas tun können, das würde Ihnen helfen.*
b) *Sie suchen den Schlagabtausch, das würde Sie erleichtern.*
c) *Sie wollen mal explodieren, Ihre Wut herauslassen.*
d) *Sie möchten so gerne eine Gegenüberstellung mit ihr erzwingen.*

Kl. 5: *Manchmal, besonders wenn ich depressiv gestimmt bin, möchte ich die beiden am liebsten verschlagen. Aber das brächte mir auch keine Befreiung. Ich habe einen Riesenhaß, wie soll ich ihn loswerden?*

Therapeutenäußerungen:

a) *Mal möchten Sie am liebsten auf die beiden los, mal wäre es Ihnen lieber, wenn die Wut einfach so weg wäre.*

b) *Danach sehnen Sie sich so, daß Sie nicht mehr unter diesem Druck stehen.*
c) *Sie suchen ein Ventil für Ihren Haß.*
d) *Sie wollen diesen Ballast endlich loswerden und wieder ruhig und ausgeglichen sein.*

*Beispiele für Therapeutenäußerungen, die Anregung und Impulse geben*

Kl. 1: (Lehrerin, 42 Jahre, geschieden): *Bis vor einem Jahr habe ich gehofft, daß mein Mann eines Tages wieder zu mir zurückkehrt. Aber er fügt mir eine Enttäuschung nach der anderen zu. Und trotzdem hoffe ich manchmal noch.*

Therapeutenäußerungen:

a) *Sie überlegen sich, wie Sie aus diesem Hin und Her herauskommen.*
b) *Ihr Warten und Hoffen erscheint Ihnen zunehmend sinnlos, ist es so?*
c) *Sie überlegen manchmal, ob nicht trotz der Enttäuschungen ein weiteres Zusammenleben möglich wäre.*
d) *Ich frage mich, wie Sie dieses Enttäuschtwerden überwinden könnten.*

Kl. 2: *Es ist ein richtiger Teufelskreis: Einmal bin ich unheimlich traurig, dann überfällt mich wieder eine große Wut. Mein Mann will von dem allem nichts wissen, er versteckt sich hinter freundlichen Worten.*

Therapeutenäußerungen:

a) *Sie spüren: Wenn ich da mehr Anteilnahme bekäme, bräuchte es nicht so schlimm zu sein bei mir.*
b) *Dieses unheimliche Auf und Ab macht Ihnen Angst, und Sie suchen, wie Sie da mehr Ruhe und Gleichmäßigkeit reinbekommen können.*
c) *Sie fragen zweierlei: Wie soll ich mit meinem Mann umgehen? Wie kann ich mit meiner Wut und Traurigkeit fertig werden?*
d) *Es beschäftigt Sie, warum Ihr Mann sich so hartnäckig einer Aussprache entzieht.*

Kl. 3: *Was mein Mann ist, ist er durch mich geworden. Und jetzt hat er mich aufs Abstellgleis geschoben und macht sich gemeinsam mit seiner Freundin ein schönes Leben.*

Therapeutenäußerungen:

a) *Das erscheint Ihnen alles so sinnlos, so ausweglos.*
b) *Ist es so: Wenn Sie das Ganze wenigstens verstehen könnten, wäre es leichter für Sie.*
c) *Sie fragen sich: Wo bleibe da ich mit meinen Interessen?*
d) *Da entsteht einerseits ein Gefühl der Auflehnung, andererseits wollen Sie vielleicht resignieren, ist es so?*

Kl. 4: *Noch mehr als meinen Mann hasse ich seine Freundin, aber sie weicht mir ständig aus.*

Therapeutenäußerungen:

a) *Eine Auseinandersetzung mit dieser Frau könnte Ihnen weiterhelfen.*
b) *... daß Sie so spüren: Es geht alles nur von ihr aus, und ich habe da gar nichts zu sagen.*
c) *Ich frage mich, wie Ihnen nach so einer Aussprache zumute wäre.*
d) *Was sich da in Ihnen angesammelt hat, können Sie einfach nicht loswerden.*

Kl. 5: *Manchmal, besonders wenn ich depressiv gestimmt bin, möchte ich die beiden am liebsten verschlagen. Aber das brächte mir auch keine Befreiung. Ich habe einen Riesenhaß, wie soll ich ihn loswerden?*

Therapeutenäußerungen:

a) *Sie stehen da unheimlich unter Druck und suchen ein Ventil für Ihre schreckliche Wut.*
b) *Das ist wie ein Zwiespalt: Sie können Ihre Empörung nicht einfach loslassen, und Sie können sie auch nicht einfach vergessen.*
c) *Ein Zuschlagen würde Ihnen also wenig nützen, ob andere Möglichkeiten aus diesem Hexenkessel herausführen?*
d) *Dieser große Haß versetzt Sie so sehr in Angst, daß Sie nicht recht mit ihm umgehen können.*

*Übung 6*

Sie arbeiten in einer Dreiergruppe. Teilnehmer 1 (T 1) spielt einen Klienten, T 2 übernimmt die Rolle des Therapeuten, T 3 ist Beobachter und meldet zurück, was ihm an den therapeutischen Antworten positiv (!) und negativ (!) erscheint. Er kann sein Feedback nach jeder Therapeutenantwort geben oder erst dann, wenn das Rollenspiel etwa fünf Minuten gelaufen ist.

Die Rollen werden nach etwa 15 Minuten gewechselt, so daß jeder Teilnehmer einmal die Rolle des Klienten, des Therapeuten und des Beobachters innehat.

Wer die Klientenrolle übernimmt, kann evtl. die fünfzig einzelnen Klientenäußerungen verwenden, die am Ende dieses Kapitels stehen.

*Übung 7*

Es folgen sechs Klientenäußerungen. Notieren Sie bitte zu jeder Äußerung eine Antwort, die das Gefühl verbalisiert, und eine Antwort, die Wünsche und Ziele spiegelt.

Dann lassen Sie sich von Ihrer Arbeitsgruppe ein Feedback geben zu jeder Ihrer Antworten. Diese Rückmeldung erfolgt zunächst nonverbal: Die Gruppe sitzt im Kreis, Sie sitzen in der Mitte. Nachdem Sie Ihre therapeutische Antwort vorgelesen haben, überlegt sich jeder im Kreis, wie er Ihre Antwort gefühlsmäßig einstuft: Findet er Ihre Antwort nicht spiegelnd, bleibt er sitzen; erlebt er Ihre Antwort als optimale Verbalisierung emotionaler Erlebnisinhalte, stellt er sich direkt neben Sie; zwischen diesen beiden extremen Rückmeldungen gibt es viele Zwischenstufen.

Wer in der Mitte sitzt, läßt (nach Verlesen seiner Antwort) der Gruppe etwa 30 Sekunden Bedenkzeit und fordert sie dann auf, zusammen (nicht nacheinander!) »mit den Füßen abzustimmen«. Er kann dann einzelne Gruppenmitglieder fragen, was sie zu eben dieser „Stellung-Nahme“ veranlaßt.

Fall 1: Siebenunddreißigjährige Frau (müde Stimme):

*Ich weiß wirklich nicht, was ich tun soll. Ich weiß wirklich nicht, ob ich meine Stelle als Telephonistin wieder annehmen soll ... das macht mich so nervös, es ist kaum auszuhalten ..., aber so hätte ich eben eine feste Anstellung und ein gutes Gehalt; oder soll ich das alles lassen und tun, was mich wirklich interessiert, auf jeden Fall eine abwechslungsreichere Arbeit, aber dann müßte ich ja wieder ganz von unten mit einem kleinen Gehalt beginnen ... Ich weiß nicht, ob ich das wirklich tun könnte.*

Fall 2: Dreißigjährige Frau (zaghafte Stimme):

*Schon seit zehn Jahren wohne ich nun hier in dieser Stadt und seit sieben Jahren in derselben Wohnung, aber ich kenne einfach niemand. Im Büro scheine ich mir keine Freunde machen zu können, und ich fühle mich dort wie gelähmt. Ich versuche, mit den anderen Angestellten freundlich zu sein, aber im Grunde fühle ich mich verkrampft und nicht wohl, und dann rede ich mir ein, daß es mir doch einerlei ist. Man kann sich eben auf die Leute nicht verlassen. Jeder lebt für sich.*

Fall 3: Dreißigjähriger, aus der Armee entlassener Mann (zugleich zornig und verbittert):

*Was soll das alles? Niemand spielt ein offenes Spiel mit mir. Die Kerle, die zu Hause geblieben sind, die haben alle Vorteile, die haben alle an uns profitiert, während wir an der Front kämpften, ich verwünsche sie alle zusammen. Sie spielen ein doppeltes Spiel. Und was meine Frau betrifft, nun ja ...*

Fall 4: Sechsundvierzigjähriger Mann (gespannte, gehässige Stimme):

*Nun, da ist ein Neuer in der Firma, aber er ist ein verschlagener Kerl, er weiß auf alles eine Antwort und glaubt, er hätte das Schießpulver erfunden. Aber, Herrgott, er hat keine Ahnung, mit wem er es zu tun hat! Ich würde es besser machen als er, wenn ich nur wollte!*

Fall 5: Vierundzwanzigjähriges Mädchen (gespannte, wütende und verhaltene Stimme):

*Wenn ich sie nur schon ansehe! ... Sie ist weder so attraktiv, noch so intelligent wie ich, sie hat keinen Chic, und ich frage mich, wie sie es fertigbringt, so vielen Leuten etwas vorzumachen. Warum durchschaut man bloß nicht ihr Getue? Irgend etwas gelingt ihr immer, und alle bewundern sie dann, wie sie es zustande gebracht hat. Ich halte das nicht mehr aus! Das macht mich noch verrückt! Sie bekommt alles, was sie will! Sie hat meine Stelle bekommen, sie hat Gerhard bekommen, sie hat ihn mir buchstäblich entführt und hat es dann auch noch geleugnet; als ich sie zur Rede stellte und ihr meine Meinung sagte, sagte sie bloß: »Es tut mir leid!« Aber warten Sie, ich werde es ihr schon zeigen!*

Fall 6: Martin, der neue Angestellte:

*Obwohl ich mein Bestes versucht hatte, sind der Chef und sein Sekretär wütend auf mich geworden, weil ich mich bei einer schwierigen Abrechnung geirrt hatte, das hat mich ..., ich tue mein Bestes ..., ich tue wirklich mein Bestes, aber wenn sie so weit gehen, mir zu sagen, daß es nicht genug sei, dann zeigt mir das immer deutlicher, daß ich zu nichts tauge.*

### *Zwischenübung zum Entspannen und Lachen*

Vielleicht sind Sie in diesem Augenblick angespannt und müde. Vielleicht haben Sie das Üben und Spiegeln satt. Sie finden nachstehend »therapeutische« Äußerungen, die das Spiegeln karikieren und persiflieren, ein Sammelsurium von therapeutischer Selbstironie. Sie finden Anlässe zum Entspannen und Lachen. Der Text entstand als Nebenprodukt eines Trainingskurses und stammt von C. Mayer. Wenn Sie wenig Sinn für schwarzen Humor haben, sollten Sie nicht weiterlesen. Falls Sie bei dieser Zwischenübung nicht nur entspannen und lachen, sondern auch noch etwas lernen möchten: Einzelne Elemente der Gesprächspsychotherapie lassen sich, ebenso wie Elemente anderer Therapierichtungen, auch mißbrauchen.

### *Was spricht der Gesprächspsychotherapeut am Grabe seines Klienten?*

»Sie spüren, daß da in letzter Zeit eine gewaltige Veränderung mit Ihnen vorgegangen ist ...?«
»Irgendwie betrachten Sie die Dinge jetzt alle gewissermaßen aus einer ganz anderen Perspektive ...?«
»Manchmal fühlen Sie sich da buchstäblich übergangen ...?«
»Das wurmt Sie so richtig!«
»Sie haben da das Gefühl, äh ..., die anderen trampeln Ihnen da auf dem Kopf herum und Sie können gar nichts dagegen machen ...«
»Da fühlen Sie sich ganz leer und ausgehöhlt.«
»Ich habe so das Gefühl, ... äh ..., also, irgendetwas nagt da noch in Ihnen ...«
»Irgendwie fühlen Sie sich da so richtig unterlegen?«
»Das ist dann für Sie so, als ob Sie da sozusagen das Gras wachsen hören.«
»Sie vermuten da, die anderen sprechen Sie nicht so direkt an, so ... äh ..., man sagt Ihnen so gewissermaßen alles durch die Blume ...?«
»Das ist da so ein beklemmendes Gefühl für Sie, daß Sie da irgendwie richtig eingeengt sind, so eingeschränkt in Ihrer Bewegungsfreiheit ...«
»Sie haben das Gefühl, da hat Sie jemand so richtig reingelegt!«
»Das verunsichert Sie so richtig, daß Sie sich so unterlegen fühlen, daß da, äh, daß da die anderen Sie so herablassend behandelt haben ...«

»Da fühlen Sie sich so richtig von den anderen aufs Kreuz gelegt.«
»Aber irgendwie ist Ihnen jetzt viel leichter.«
»Sie haben da so richtig ein Brett vor dem Kopf.«

*Übung 8*

Jedes Gruppenmitglied haf fünf Minuten Zeit, um eine »*Momentaufnahme zur eigenen Person*« zu machen: Siehe Kapitel »Von Selbstwahrnehmung und Selbstkontrolle«, Praktische Übung Nr. 1. Anschließend geht man zu zweit eine halbe Stunde lang spazieren. Teilnehmer 1 hat nun die Möglichkeit, 15 Minuten lang zu berichten, was er sich während der »Momentaufnahme« aufgeschrieben hat (er entscheidet frei, was er sagen oder nicht sagen möchte!). Teilnehmer 2 versucht das zu spiegeln, was er hört. Dann werden die Rollen gewechselt: Teilnehmer 2 berichtet 15 Minuten lang, der andere verbalisiert.

Diese Übung hat sich sehr bewährt und sollte deshalb immer wieder versucht werden. Sie gibt Gelegenheit zur Selbstexploration und zum Spiegeln (in einem kleinen und persönlichen Rahmen), sie bietet wertvolle Selbsterfahrung (Wie geht es mir, wenn ich mit Einfühlung verbalisiert werde?), sie kann persönliche Kontakte schaffen und zu körperlicher Entspannung führen.

*Übung 9*

*Rollenspiel* (Regieanweisungen)
Das Rollenspiel hat sich als eine sehr fruchtbare und vielseitige Möglichkeit des Übens erwiesen und sollte häufig praktiziert werden.

*Situationsschilderung:*

Aus 3 bis 7 Personen wird eine Kleingruppe gebildet. Ein Gruppenmitglied übernimmt die Rolle des Klienten, ein anderes die therapeutische Rolle; die übrigen Teilnehmer sind Beobachter. Zunächst dauert das Rollenspiel maximal 5 Minuten, später 10–15 Minuten.

*Aufgabe des Klienten:*

Der Klient bringt irgendeinen »Fall« oder eine Frage, möglichst aus dem eigenen Lebensbereich, damit das Gespräch echt ausfällt. Der Klient kann beim Rollenspiel überhaupt nichts falsch machen, weil der Therapeut die Aufgabe hat, sich auf jedes mögliche oder auch »unmögliche« Verhalten des Klienten einzustellen.

*Aufgaben des Therapeuten:*

Der Therapeut kann sich zweierlei Aufgaben stellen:
a) Ausschließliche Anwendung der spiegelnden Methode: Wo man nicht zu spiegeln vermag, wird geschwiegen.

b) Partielle Anwendung der spiegelnden Methode: Wo das Spiegeln nicht gelingen will, werden andere Antworten gegeben.

*Aufgabe für die Beobachter:*

Das Rollenspiel zwischen Klient und Therapeut wird von den übrigen Gruppenmitgliedern beobachtet. Um exakt beobachten und anschließend analysieren zu können, erstellen die Beobachter ein Gesprächsprotokoll. Wörtlich notiert werden vor allem die wichtigsten Gefühlsäußerungen, Wünsche und Fragen des Klienten, dazu (möglichst) alle Äußerungen des Therapeuten. Die Beobachter können sich (anfangs) die Aufgaben teilen, damit es nicht zu schwierig wird. Zur Entlastung der Teilnehmer und für die exakte Analyse empfiehlt sich eine Aufnahme des Rollenspiels auf Tonband.

*Auswertung des Rollenspiels* (Zeitaufwand ca. 30 Minuten):

Klient, Therapeut und Beobachter äußern sich (in der genannten Reihenfolge!) in freiem, unstrukturiertem Meinungsaustausch (5 Min.). Im Anschluß daran werden alle Therapeutenäußerungen nacheinander systematisch analysiert (anhand der Gesprächsprotokolle oder der Tonbandaufzeichnung), etwa anhand folgender Fragen:
- Was und wie wird gespiegelt?
- Was wird durch das Spiegeln erreicht?
- Welche wichtigen Klientenäußerungen werden nicht gespiegelt?
- Welche Methoden werden neben der spiegelnden Methode verwendet (mit welchem Erfolg)?
- Wie würde eine optimale Verbalisierung aussehen?

Analyse und Auswertung des Rollenspiels können auch anhand einer »Einschätzungsskala« stattfinden.

*Übungsvarianten zum Rollenspiel:*

a) Manche Gruppenmitglieder übernehmen die Aufgabe des Klienten und Therapeuten leichter, wenn sie das Rollenspiel außerhalb der Gruppe durchführen können. Die Tonbandaufzeichnung des Rollenspiels wird dann in der Gruppe besprochen. Wenn in der Gruppe große Hemmungen gegenüber dem Rollenspiel bestehen, kann man diesen Konflikt innerhalb eines Rollenspiels von einem »Klienten« durchspielen lassen.

b) Die Position und Situation des Therapeuten kann erleichtert werden, indem ein Ko-Therapeut die Rolle übernimmt und dann antwortet, wenn Therapeut I keine Antwort findet.

c) Ein Gruppenmitglied spielt den Klienten, alle anderen spielen reihum den Therapeuten: Sobald Teilnehmer I eine therapeutische Antwort gegeben hat, kommt Teilnehmer II an die Reihe und wartet ab, wann er eingreifen muß, usw.
d) Aus Gründen der Abwechslung und der Entspannung, aber auch deshalb, weil man auch aus Fehlern lernen kann, kann der Therapeut gelegentlich die Aufgabe bekommen, (im Sinne der spiegelnden Methode) möglichst falsch zu reagieren oder einfach so zu antworten, wie er es früher tat.
e) Das Rollenspiel dauert nicht nur wenige Minuten, sondern wird zu Ende geführt (Höchstdauer 50 Minuten).

*Materialien zum Rollenspiel:*

a) Wer den »Klienten« spielt, verwendet als Material am besten ein eingrenzbares Problem aus seinem persönlichen Bereich. Auf diese Weise kann er seine Rolle sehr echt spielen.
b) Der »Klient« schlüpft auf Grund einer (schriftlich vorliegenden) Fallschilderung in eine bestimmte Rolle. Der »Therapeut« und die »Beobachter« kennen diesen Fall nicht.
c) Der Übungsleiter schildert den Anfang eines therapeutischen Gesprächs (man kann auch den Anfang eines Gesprächsprotokolls vorlesen). Der »Klient« übernimmt dann diese Rolle und spielt sie nach subjektivem Ermessen weiter.
d) Der »Klient« berichtet in knappen Worten von einem schwierigen Gespräch mit einem Gesprächspartner, das er zu führen hatte. Dann schlüpft er in die Rolle des Gesprächspartners.
e) Der »Klient« bekommt ebenso wie der »Therapeut« einen »Reiztext« in die Hand. Nach kurzer Überlegung fängt der »Klient« an, sich in freier Weise dazu zu äußern.
Als emotionale »Reiztexte« bieten sich an:

- Emotional geladene Probleme wie »Pornographie«, »Linksradikalismus«, »Rechtsradikalismus«, »Schwangerschaftsunterbrechung« usw.
- Aggressiv-freche Chancons und Gedichte,

*Beispiel:* Geh aus, mein Herz, such' Sigmund Freud
in dieser sexuellen Zeit,
die Welt ist voller Gaben.
Schau an der schönen Mädchen Zier
und siehe, wie sie mir und dir
sich ausgezogen haben.

(Frei nach *Paul Gerhardt*).

– Außergewöhnliche musikalische Reize, z. B. aus dem Bereich des Jazz oder der elektronischen Musik.
– Außergewöhnliche optische Reihe, z. B. Illustriertenbilder mit aggressiver oder pornographischer Note, Kitsch in der Kunst, Darstellungen aus der modernen Kunst.

*Übung 10*

*Vom Umgang mit Tonbandaufzeichnungen*

Da bei den praktischen Übungen häufig mit Tonbandaufzeichnungen (von Rollenspielen und echten therapeutischen Gesprächen) gearbeitet wird, soll hier zusammenfassend dargestellt werden, auf welche Weisen man damit umgehen kann:
a) In der Regel werden Tonbandausschnitte von 5–10 Minuten abgehört. Während des Abhörens notiert man die wichtigsten Beobachtungen.
b) Anschließend wird das Therapeutenverhalten eingeschätzt anhand von Einschätzungsskalen – vgl. die verschiedenen Einschätzungsskalen dieses Buches.
c) Dann kann eine allgemeine Meinungsbildung stattfinden (anhand der notierten Einzelbeobachtungen).
d) Dringend nötig ist, daß der Tonbandausschnitt nochmals angehört und in allen Einzelheiten analysiert wird. Das geschieht so:
Das Tonband läuft ab. Sobald eine Klientenäußerung verbalisiert werden muß, wird das Band gestoppt und eine optimale therapeutische Antwort gesucht. Anschließend läuft das Tonband weiter. Wo das Band Therapeutenäußerungen liefert, werden diese analysiert und bei Bedarf verbessert.
e) Anstatt einen Tonbandausschnitt (aus einem echten therapeutischen Gespräch) zu analysieren, der bereits im Zusammenhang angehört wurde, kann man (im Sinne von Punkt d) auch mit Bandausschnitten arbeiten, die noch völlig unbekannt sind.

*Aufgabe:* Bitte arbeiten Sie jetzt gemäß den genannten Regieanweisungen, indem Sie die Tonbandaufzeichnung eines echten therapeutischen Gesprächs einsetzen. Der betreffende Klient muß damit einverstanden sein, daß Ausschnitte aus einer Therapie zu Lernzwecken verwendet werden; seine Anonymität ist zu wahren, indem Namen usw. gelöscht oder verfremdet werden.

*Zwischenbemerkung zu den praktischen Übungen*

Das praktische Üben ist von großer Bedeutung, weil dabei der Schritt von der theoretischen Einsicht zum praktischen Tun vollzogen wird. Ein neues therapeutisches Verhalten muß eingeübt werden, so daß es jederzeit und leicht verfügbar ist. Sofern Sie sich durch die praktischen Übungen ermüdet und übersättigt fühlen, können Sie zwischendurch ein anderes Kapitel dieses Buches vornehmen, um sich später wieder auf ein praktisches Üben einzulassen.

*Übung 11*

Bitte analysieren Sie ein Gesprächsprotokoll, das Sie selber angefertigt haben. Wo Sie mit therapeutischen Antworten unzufrieden sind, suchen Sie nach besseren Lösungen.

Sie können auch mit den Gesprächsprotokollen arbeiten, die dieses Buch bietet oder die in anderen einschlägigen Büchern zu finden sind.

*Übung 12*

Wenn Sie innerhalb einer Lerngruppe ein Gesprächsprotokoll oder Tonbandaufzeichnungen bearbeiten, beachten Sie bitte alle Interaktionen, die verbal und nonverbal stattfinden. Beim miteinander Arbeiten und Sprechen kommt es darauf an, daß jedes Gruppenmitglied auf die anderen Teilnehmer (und speziell auf den Therapeuten) zentriert ist, daß man emotionale Wärme und unbedingte Wertschätzung ausstrahlt, daß man die Gefühle der anderen verbalisiert, und daß man in jedem Fall Echtheit und Selbstkongruenz praktiziert.

Im Anschluß an eine Gruppenarbeit schalten Sie bitte eine Gesprächsrunde (Feedback) ein, in der diese Dinge diskutiert werden.

*Übung 13*

Bitte praktizieren Sie das Verbalisieren emotionaler Erlebnisinhalte auch innerhalb von alltäglichen Begegnungen, so etwa im Gespräch mit Verwandten und Freunden, mit Arbeitskollegen und »Feinden«, oder wenn Sie innerhalb Ihrer Lerngruppe zum Essen gehen oder spazierengehen.

*Übung 14*

Wollen Sie zu einem erfahrenen Gesprächspsychotherapeuten gehen und mit ihm (in mindestens zehn Gesprächen) einen Teil Ihrer persönlichen Probleme bearbeiten? Im Sinne der Selbsterfahrung erleben Sie dabei »am eigenen Leib«, wie gute Therapie aussieht und was sie einbringt. Solche Gespräche können Ihren Lernprozeß im Blick auf Gesprächspsychotherapie intensivieren und tragen viel bei zur Selbstwahrnehmung und persönlichen Reifung.

Zu ähnlichen Zielen kommen Sie, wenn Sie an einer Selbsterfahrungsgruppe teilnehmen, die nach Methoden der Gesprächspsychotherapie arbeitet.

*Übung 15*

Sie finden nachstehend eine Vielzahl von Klientenäußerungen, die nicht miteinander in Zusammenhang stehen, und werden gebeten, dazu optimale therapeutische Antworten zu finden. Wozu gerade solches Übungsmaterial? Sie können dabei lernen, flexibel auf ganz unterschiedliche Themen und Emotionen zu reagieren – das brauchen Sie auch für Ihre therapeutischen Gespräche. Außerdem lernen Sie, wie Sie auf Klientenäußerungen reagieren können, wenn Sie den Kontext (noch) nicht kennen – das kommt besonders am Anfang von therapeutischen Gesprächen vor.

Mit den nachfolgenden Klientenäußerungen können Sie in verschiedener Weise arbeiten:

a) Sie suchen Antworten gemäß der spiegelnden Methode.
b) Sie können sich speziell darin üben, synonyme und antonyme Antworten zu finden, oder die Wünsche und Interessen des Klienten zu verbalisieren, oder möglichst konkret zu verbalisieren.
c) Sie können viele andere therapeutische Verhaltensweisen einüben (vgl. andere Kapitel dieses Buches!).
d) Sie können sich Zeit nehmen, um eine optimale Antwort zu finden, oder Sie können so rasch reagieren, wie es im echten Gespräch nötig ist.
e) Sie können zu einigen Klientenäußerungen drei verschiedene spiegelnde Antworten suchen und so die Vielfalt des Reagierens abtasten.
f) Sie können zwischendurch (zur Entspannung und Abwechslung!) einmal ganz spontan antworten und Ihre Antworten anschließend analysieren (zeigen sich da gewisse Grundstrukturen?).
g) Sofern Sie innerhalb einer Lerngruppe üben, gibt es folgende Möglichkeiten:
   - Der Gruppenleiter liest eine Klientenäußerung vor (das Zuhören erleben Sie anders als das Lesen!), alle Gruppenmitglieder notieren eine Antwort, anschließend wird verglichen.
   - Der Gruppenleiter liest eine Klientenäußerung vor, darauf antwortet Gruppenmitglied 1, die anderen hören kritisch zu, sie können ihre Analyse auch aussprechen. Dann wird die nächste Klientenäußerung verlesen, es antwortet Gruppenmitglied 2. So geht es reihum.
   - Der Gruppenleiter liest eine Klientenäußerung vor. Die Gruppenmitglieder 1 und 2 antworten entsprechend der spiegelnden Methode. Teilnehmer 3 reagiert belehrend, Teilnehmer 4 wertet, Teilnehmer 5 liefert eine externale Antwort. Andere Gruppenmitglieder beobachten und analysieren das ganze Geschehen – es ergeben sich recht plastische Gegensätze. Dann wird eine weitere Klientenäußerung verlesen und entsprechend verfahren, usw.

*Einzelne Klientenäußerungen als Übungsmaterial:*

1. Es fällt mir schwer zu sagen, was mich bedrückt.
2. Ich weiß nicht, wie ich mich mit dieser Situation abfinden soll.
3. Wissen Sie, wenn ich nur an die Prüfung denke, könnte ich weglaufen.
4. Meinen Sie, es gibt irgendeine Möglichkeit für mich?
5. Ich bin mir nicht sicher, ob ich die Scheidung einreichen soll.
6. Ich möchte gern, daß Sie mit mir beten.
7. Ich sitze immer allein in meiner guteingerichteten Wohnung. Ich fühle mich einsam. Mein größter Wunsch ist, einen richtigen Freund zu finden.
8. Herr Doktor, ich hoffe, daß ich Sie nicht störe. Ich weiß, daß Sie viel zu tun haben.
9. Ich habe da ein schwieriges Problem, ich weiß eigentlich gar nicht, wie ich es erzählen soll.
10. Ich habe entdeckt, daß mein Mann schon seit zwei Jahren ein Verhältnis mit seiner Sekretärin hat. Was sagen Sie dazu?
11. Herr Doktor, sagen Sie mir: Muß ich sterben?
12. Für mich ist es natürlich, daß eine unglücklich verheiratete Frau mit einem anderen Mann geht. Ich sage das, obwohl ich mich für Christus engagiere.
13. Ich kann nicht verstehen, daß Kinder leiden sollen. Ich war letzthin bei der Beerdigung einer jungen Frau, die drei Kinder hinterläßt. Der Pfarrer sagte: »Gott hat diese Mutter zu sich heimgerufen.« Das konnte ich nicht anhören, ich lief weg.
14. Was in der Bibel steht, kann mir nicht helfen.
15. Klientin im Krankenhaus: Ich habe gerne ein Zimmer für mich allein. Ich kann nicht das Leiden anderer Menschen sehen, meines ist mir genug.
16. Klient im Krankenhaus: Ja, ich war in letzter Zeit übermütig und manchmal leichtsinnig. Das muß ich jetzt büßen.
17. Wenn man die Antibabypille wahllos ausgibt, werden alle Bremsen und Hemmungen niedergewalzt.
18. Ich bin 22 Jahre, ledig, und erwarte ein Kind. Am liebsten würde ich es wegmachen lassen, weil es meine Freiheit und meine Zukunft sehr einschränkt. Aber ich habe auch Bedenken gegenüber einer Abtreibung.
19. Mein Bruder ist ein besserer Schüler als ich, obwohl ich viel mehr lerne als er.
20. In meiner Klasse haben jetzt schon 12 Jungen ein Fahrrad.
21. Ich war richtig gemein zu meiner Kollegin, aber im Augenblick platzte mir einfach der Kragen.
22. Meine Eltern mischen sich immer wieder ein in meine privaten Dinge.
23. Meine Tochter läßt sich von mir gar nichts mehr sagen.

24. Meine Tochter wird morgens einfach nicht fertig. Sie bummelt so schrecklich, sie will mal dies, mal das, ich kann drängeln und mahnen, sie geht fast immer zu spät aus dem Haus und kommt öfters zu spät zur Schule.
25. Meine Frau läßt den Kindern viel zu viel Freiheit. Sie gehorchen überhaupt nicht mehr. Immer haben sie Widerworte.
26. Ob ich meinen Sohn einschulen soll? Er wäre ja schulpflichtig, aber er ist ja noch so klein und hängt so an mir. Ob er die Schule wohl schaffen wird? Mein Kinderarzt würde mir sicher bestätigen, wie anfällig mein Peter ist. Aber was wird da meine Nachbarin sagen? Sie schickt ihre Sabine schon vorzeitig in die Schule. Aber Mädchen sind wohl weiter als Jungen. Was würden Sie mir raten?
27. Heute ist Sabine wieder völlig durcheinander. Gestern war sie bei meinem geschiedenen Mann, und der hat sie wieder so aufgehetzt gegen mich, daß sie ganz aufsässig ist. Ich tu' doch alles, was ich kann, aber er und seine neue Frau können mich nur schlecht machen. Und dabei habe ich mich jahrelang für ihn abgeplagt. Nie hat er sich um das Kind gekümmert, aber jetzt drängt er, daß ja die Besuchszeiten eingehalten werden.
28. Wenn meine Andrea vom Spielen nach oben kommt, sieht sie aus wie ein kleines Ferkel. Alles, aber auch alles ist dreckig. Sie können sich das nicht vorstellen! Nicht, daß ich die Arbeit mit dem Waschen scheue, weiß Gott nicht, ich schaffe von früh bis spät im Haushalt, aber manchmal glaube ich, daß sie sich mir zum Trotz nur so schmutzig macht. Ich bin ja nicht für's Prügeln, aber wenn Sie das Tag für Tag erleben, kann einem mal der Geduldsfaden reißen. Finden Sie nicht auch, daß ein 5jähriges Mädchen schon etwas auf seine Kleidung achten müßte?
29. In zwei Wochen endet die nervliche Zerreißprobe, die darin besteht, daß ich angesichts der finsteren, strengen Frömmigkeit meines Mannes mein Kind erziehen muß: Mein Sohn verläßt das Elternhaus, um zu studieren.
30. Meine Tante wohnt in meinem Haus und macht mir und meiner Familie das Leben schwer, ein fünfjähriger schwerer und böser Kampf. Meine Tante ist gemütskrank, ist also für ihr Verhalten nicht voll verantwortlich.
31. Ich bin zum zweiten Mal verheiratet. Meine 18jährige Tochter traf kürzlich wieder ihren Vater. Erst war sie von ihm begeistert, dann enttäuscht und verstört, weil er sie anlog. Sie litt unsagbar und konnte sich in der Schule kaum mehr konzentrieren. In mir rief dieses Geschehen viele alte Erinnerungen wach.
32. Weil ich ein uneheliches Kind habe, sind mir meine Angehörigen bisher immer mit Verachtung, Demütigung und Ablehnung begegnet. Nach vielen Jahren geschah nun plötzlich etwas anderes: Als ich ganz am Ende war, hat man mir geholfen, ohne Vorwurf und ohne Gegenleistung.

33. Ich bin 44 Jahre alt und seit drei Jahren mit einem Mann ziemlich eng verbunden. Ich weiß, daß er letztlich einen Psychiater braucht, nicht eine Frau. Er ist gefangen in Trotz und Verzweiflung gegenüber seiner Vergangenheit. Ich möchte noch ein letztes Gespräch mit ihm haben und mich dann von ihm trennen. Aber wer kümmert sich dann um ihn?
34. Wissen Sie einen Rat, um einer beinahe pausenlosen inneren Verzweiflung, daneben einer ständigen Angst Herr zu werden?
35. Es fällt mir sehr schwer, mich jemanden anzuvertrauen, besonders einen Menschen um Rat und Hilfe zu bitten.
36. Von morgens bis spät in die Nacht, in der Arbeit und im Privatleben lebe ich in einer pausenlosen Anspannung, unter einem ständigen seelischen Druck.
37. Ich habe Angst vor allen Menschen, Angst vor jedem neuen Tag, Angst vor der Zukunft. Zugleich empfinde ich einen großen Haß gegen alle Menschen, am meisten gegen mich selbst. Deshalb mache ich mir große Vorwürfe.
38. Ununterbrochen grüble ich über alles mögliche nach, zerlege jeden einzelnen Gedanken in kleinste Teilchen und bringe zu guter Letzt keinen Zusammenhang, keine Klarheit mehr in mein Denken hinein.
39. Obwohl ich die Menschen ablehne, wünschte ich mir andererseits oft, ich dürfte in ihrer Gemeinschaft mit dabei sein.
40. Ist mir wirklich mal ein Mensch sympathisch, das kommt vor, wenn auch höchst selten, dann meide ich seine Gegenwart um so mehr und zwar deshalb, da meine Ansprüche in jeder Hinsicht das normale Maß übersteigen. Ebenso fürchte ich, von demjenigen hintergangen und enttäuscht zu werden.
41. Mir bangt davor, wenn die Angst und die Verzweiflung weiterhin so auf mich einschlägt, müsse ich eines Tages verrückt werden. Nein, so weit darf es nicht kommen. Lieber mache ich vorher mit dem Leben Schluß.
42. Ich mache mir Vorwürfe, daß ich so egoistisch, so ichbezogen bin, daß ich so viel über mein Leben, über die Vergangenheit und die Zukunft nachdenkee.
43. Es macht mich so traurig, daß ich plötzlich auch gegen die mir anvertrauten Kinder feindselige Gefühle habe. Allerdings habe ich mich da sehr in der Gewalt, überspiele mit äußerster Energie meine Empfindungen den Kindern gegenüber, bin deshalb nicht grausam zu ihnen.
44. Auch den anderen Menschen gegenüber spiele ich ein falsches Spiel, bin zu ihnen übermäßig freundlich und widerspreche niemandem. Diese ewigen Lügen, dieses Schauspielen, mein scheinheiliges Wesen läßt mein Gewissen bald nicht mehr zu.
45. Es ist in mir alles so festgefahren, so versteinert. Wenn ich wenigstens weinen könnte, das wäre etwas erlösend.
46. Meine jetzige Umgebung darf unter keinen Umständen erfahren, daß ich mich elend fühle. Bitte raten Sie mir, was soll ich nur tun?

47. Obwohl mein Mann um 17 Uhr Dienstschluß hat, kehrt er meist erst zwischen 20 und 22 Uhr heim; in der Regel sagt er mir nicht, wo er sich aufhält – unehrenhaft dürfte es allerdings nicht sein. Ich bekomme genügend Wirtschaftsgeld und zu den Festen schöne Geschenke, aber ich erfahre von ihm nicht, wieviel Gehalt er bekommt und was er zum Beispiel für seine große Briefmarkensammlung ausgibt; vor wenigen Wochen kaufte er ohne mein Wissen ein Auto. Ich mache für ihn einige Schreibarbeiten, aber er rührt für Haus und Garten keinen Finger.
48. Mir geht das modische Gerede von der partnerschaftlichen Ehe auf die Nerven. Ich sehe hier viele Nachteile und Gefahren. Ich jedenfalls führe eine gute Ehe und lebe ganz glücklich, ohne viel von Partnerschaft zu wissen – dasselbe gilt für meine Eltern und meine Schwiegereltern. In meiner ersten Ehe und nun in der zweiten gibt es feste Ordnungen und Verhaltensweisen, an die man sich halten kann. In den partnerschaftlich aufgezogenen Ehen ist alles so unsicher, da wird dauernd diskutiert und verändert, und wenn man sich nicht einigen kann, geht man auseinander: Spricht nicht die hohe Scheidungsziffer eindeutig gegen die neuen Eheformen? Ich jedenfalls vertraue auf die alten göttlichen Formen und Normen.
49. Und dann habe ich schon wieder Angst vor morgen. Warum? Und man sagt mir dauernd: »Sie brauchen keine Angst zu haben, Sie können es!« Ja meine Güte, man sagt mir das, aber – ich weiß nicht ...
50. Ich möchte ganz gern aus dieser – wenn man dieses Wort gebraucht – Masse, aus der möchte ich schon hinausragen oder auffallen. Ich möchte nicht so sein, wie andere sind. Und das kommt vor allem bei Gesprächen hervor; ich vertrete da meistens immer ganz merkwürdige und gegensätzliche Meinungen, die nicht mehr so populär sind. Aber – ich bin doch irgendwie stolz, daß ich eben diese Meinung vertreten kann, weil ich dann zeigen kann, daß ich anders bin als andere.

### *Übung 16*

Zwei (oder auch mehr) Personen sprechen über ein für sie wichtiges Thema. Jeder bekommt ein »alter ego« (ein »anderes Ich«, ein »Hilfs-Ich«). Diese Rolle übernehmen andere Gruppenmitglieder: Sie setzen sich hinter die Gesprächsteilnehmer (möglichst auf den Boden) und verbalisieren die nicht oder unklar ausgesprochenen Gedanken, Gefühle und Wünsche. Der einzelne Gesprächsteilnehmer hört sich an, was sein »alter ego« sagt, und nimmt das ins Gespräch herein, was nach seinem Eindruck stimmt.

Wer die Rolle des »alter ego« übernimmt, kann sich während des Gesprächs aus dieser Aufgabe zurückziehen – dann kann jemand anderes diese Rolle übernehmen. Ein Gesprächsteilnehmer kann auch zwei »alter ego« haben.

## 9. Echtheit und Selbstkongruenz

### *Vorbemerkung*

Echtheit und Selbstkongruenz spielen im Gespräch und in der Beziehung zwischen Therapeut und Klient eine ganz entscheidende Rolle, lassen sich andererseits aber besonders schwer lehren und lernen. Im folgenden Kapitel geht es primär um die Echtheit des Therapeuten, jedoch besteht auch für den Klienten das Ziel, immer echter und mit sich selbst identischer zu werden. Auf dem »langen Marsch« zu diesen hohen Zielen der Echtheit und Identität sollte ein Satz von *Rogers* nicht vergessen werden: »Keiner erreicht diesen Zustand (englisch »condition«) völlig« (*Rogers* 1973, 74).

### *Eingangsübungen*

*Allgemeine Momentaufnahme zur eigenen Person:*

Notieren Sie bitte Einfälle und Assoziationen (auch ganz ausgefallene Gefühle und Gedanken!), die Ihnen in den nächsten fünf Minuten kommen: Schreiben Sie Ihre Einfälle stichwortartig auf, ungeordnet und unreflektiert!

Zunächst machen Sie diese Übung allein für sich, zur eigenen Selbstwahrnehmung und Selbsterfahrung. Wenn Sie wollen, können Sie Ihre Notizen (oder auch einen Teil davon) der Gruppe mitteilen, – Sie können das in Kleinstgruppen tun oder vor der ganzen Gruppe. Indem Sie sich mitteilen und die Mitteilungen anderer auf sich wirken lassen, kommt es zu einer intensiveren Selbsterfahrung.

### *Übung zur Körperwahrnehmung*

Sie sitzen auf einem Stuhl und schließen die Augen. Anhand folgender Fragen lassen Sie sich auf das Er-Fahren Ihres Körpers ein: Was spüre ich von meinen Füßen (Fußsohle, Fußzehen usw.) und wie erlebe ich den Kontakt zu meinen Schuhen und zum Boden? Wo und wie spüre ich meine Beine? Inwieweit habe ich ein Gespür für mein Rückgrat und Gesäß (Wo gibt es Kontakt zum Stuhl?), für meinen Bauch, meine Brust, meine Schultern? Was spüre ich von meiner linken und rechten Hand, von meinen Armen? Welche Teile meines Kopfes spüre ich deutlich, welche Partien weniger deutlich?

Möchte ich etwas verändern an meiner Sitz- und Körperhaltung, so daß ich entspannter und angenehmer sitze? Was spüre ich jetzt von meinem Körper, wie erlebe ich mein Leibsein jetzt? – Wenn Sie wollen, können Sie im Anschluß an diese Übung von Ihren Erfahrungen sprechen und auf die Erfahrungen anderer Gruppenmitglieder hören.

*Brainstorming (10 Minuten)*

Die Lerngruppe äußert sich spontan und ohne Diskussion zu folgenden Fragen: Wie geht es mir, wenn ich mit jemand spreche und dabei echt (mein inneres Erleben stimmt überein mit meinen Äußerungen) bzw. unecht bin? Wie erlebe ich es, wenn ich den Eindruck habe, mein Gesprächspartner sei echt bzw. unecht?

## 9.1. Lernimpuls

Als Therapeut und Berater, Sozialarbeiter und Seelsorger erstrebe ich ein hohes Maß an »Echtheit und Selbstkongruenz« (*Tausch* 1970, 126ff.). Gemeint ist damit eine Einheitlichkeit oder Übereinstimmung von innerem Erleben (z. B. innere Impulse und Wünsche) und äußerem Verhalten, eine »Kongruenz zwischen nonverbaler und verbaler Kommunikation« (*Graessner/Heinerth* 1975). Das tief innen Erlebte drückt sich häufig ohne Absicht ganz unmittelbar aus im nichtsprachlichen Verhalten, z. B. im Gesichtsausdruck und in der Stimmlage. Bei einem eher unechten Menschen entspricht daher das nichtsprachliche Verhalten oft nicht der verbalen Mitteilung, das »Wie« ist nicht kongruent mit dem »Was«. So sagt etwa jemand mit gepreßter Stimme und traurigen Augen, er fühle sich entspannt und sei ganz zufrieden.

*Rogers* spricht von »Entsprechung von Erfahrung, Bewußtsein und Kommunikation« (*Rogers* 1973, 330), wobei er mit »Erfahrung« das unbewußte innere Erleben, das Fühlen und Wollen meint. Mit dem Begriff »Entsprechung« benennt er vorsichtiger das, was er sonst mit »Kongruenz« bezeichnet.

Anders ausgedrückt: Ich vermeide im Umgang mit Klienten ein unechtes, schauspielerhaftes, fassadenförmiges, maskenhaftes, routinemäßiges, »professionelles« Verhalten.

*Ergänzung:*

## 9.2. Begründung

a) *Carl Rogers:* »Man hat entdeckt, daß Veränderungen in der Persönlichkeit dann gefördert werden, wenn der Psychotherapeut ganz er selbst ist, wenn er in der Beziehung zu seinen Klienten authentisch und ohne ›Front‹ oder Fassade dasteht, wenn er offen die Gefühle und Einstellungen präsentiert, die im jeweiligen Augenblick in ihm auftauchen. Wir haben den Begriff ›Kongruenz‹ geprägt, um diesen Zustand versuchsweise zu beschreiben. Damit meinen wir, daß die Gefühle, die der Therapeut hat, seinem Bewußtsein zugänglich sein müssen, und daß er in der Lage ist, diese Gefühle zu leben, sie zu sein, fähig, sie mitzuteilen, wenn es zweckmäßig erscheint. Keiner erreicht diesen Zustand (englisch »condition«) völlig; doch je annahmebereiter der Therapeut dem zuhören kann, was sich in ihm selber ereignet, und je fähiger er ist, ohne Angst die Komplexität seiner Gefühle zu leben, desto höher ist der Grad seiner Kongruenz« (*Rogers* 1973, 74f.).

Die Psychotherapeutin *Ruth Cohn* vertritt die Erfahrung, »daß Heilung von der Echtheit der therapeutischen Begegnung abhängt...«. Damit meint sie keine Echtheit um jeden Preis und unter allen Umständen, sondern eine »selektive Echtheit, – das ist die Fähigkeit, authentische Aussagen zu machen, die den Personen, den Umständen und Zielen der jeweiligen Situation angemessen sind. Manchmal kann völlige Offenheit in bezug auf Fakten und Gefühle angebracht sein, manchmal sind Beschränkungen in der Kommunikation notwendig. Der geübte Therapeut hat gelernt, sich seiner eigenen Bedürfnisse, Wünsche, Befürchtungen und denen seiner Klienten bewußt zu werden und Äußerungen über sich selbst mit disziplinierter Spontaneität zu machen. Diese sollen weder starren Verhaltensregeln noch gedankenloser Impulsivität unterliegen. Was er sagt, muß authentisch sein, aber nicht alles Authentische muß gesagt werden.« Die »selektive Echtheit ... gestattet mir, mich selbst zu verwenden, die Person, die ich wirklich bin, im eigenen Interesse und in dem des Patienten, inklusive meiner therapeutischen Kenntnisse und Fähigkeiten.« (*Ruth Cohn,* in »Gruppendynamik«, 1974, 162f.).

b) Wenn ich mich nicht echt und selbstkongruent verhalte, fühle ich mich unwohl und unsicher, ich täusche mich selber. Meine Kommunikation wird widersprüchlich und unklar, meine Beziehung zum Klienten zwei- oder vieldeutig. Der Klient kann mir mein Verhalten (Zuhören, Akzeptieren, Verbalisieren usw.) nicht abnehmen. Er selber wird unsicher und fühlt sich unwohl. Positiv formuliert bedeutet das: Wenn ich offen und echt bin, spürt der Klient, wo er mit mir dran ist, er faßt Vertrauen. Er kann eine echte, realistische Beziehung erleben und bekommt Mut, im Gespräch offen und echt zu werden.

c) Offenheit und Durchlässigkeit gegenüber meinen Gefühlen (z. B. Ärger, oder Freude, Schmerz, Ungeduld, Impotenz oder Potenz, Fehlerhaftigkeit oder Erfolgsgefühl, Wohlbefinden usw.) können mir Offenheit und Sensibilität gegenüber Gefühlen ähnlicher Art beim Klienten ermöglichen. Wo ich bei mir selber etwas abwehre, wehre ich es in der Regel auch beim Klienten ab. – Mein

Echtsein kann das Echtsein des Klienten verstärken und ihm konstruktive Änderungen ermöglichen, – das haben verschiedene empirische Untersuchungen gezeigt (*Tausch* 1970, 130ff.).

d) Zur Illustration und Verdeutlichung einige Zitate:
»In meinen Beziehungen zu Menschen habe ich herausgefunden, daß es auf lange Zeit nicht hilft, so zu tun, als wäre ich jemand, der ich nicht bin... Mir scheint, ich erreiche mehr, wenn ich mir selbst zustimmend zuhören kann, wenn ich ganz ich selbst sein kann« (*Rogers* 1973, 32f.).
»Der Helfer versteckt nicht seine Person ... Der Helfer benutzt sein eigenes Fühlen, Empfinden und Wahrnehmen als eine sehr wesentliche Möglichkeit, sich dem Klienten gegenüber zu äußern und ihn in seiner Selbstauseinandersetzung zu fördern« (*R.* und *A. Tausch* 1979, 26).
»Wo Es ist, soll Ich werden« (*Sigmund Freud*).
»Erkenne dich selbst. Werde, der du bist« (Inschrift am Appollo-Tempel in Delphi).
»Don't loose your person« (*Cecilia Vidalis,* Mexiko-City).
»Das ist mein Leid, daß ich in allzuvielen
bemalten Masken allzugut zu spielen
und mich und andre allzugut
zu täuschen lernte« (*Hermann Hesse,* Stufen, 1974, 34).
*Ergänzung:*

## 9.3. Kritische Reflexion

Daß Selbstkongruenz und Echtheit schwer und auch innerhalb eines langen Prozesses nur teilweise zu erreichen sind, dürfte jeder Therapeut innerhalb seiner Ausbildung und Praxis erfahren. Ich kann nur versuchen, auf meine Art und Weise mit der paradoxen Spannung zu leben, daß ich einerseits möglichst viel Echtheit und Selbstkongruenz verwirkliche, andererseits aber mich an den Satz von *Rogers* erinnere: »Keiner erreicht diesen Zustand völlig«. Zur Echtheit und Identität gehört es dann, diese Spannung und Begrenztheit einigermaßen bewußt zu sehen und also nicht zu überspielen. Im konkreten Einzelfall ergibt sich ständig die Frage, inwieweit es wünschenswert ist, immer und im größtmöglichen Ausmaß echt zu sein. Weil totales Echtsein des Therapeuten den Klienten erdrücken kann, spricht *Ruth Cohn* von einer »selektiven Echtheit«.
*Ergänzung:*

## 9.4. Konkretion

a) Ich ermögliche mir ein wachsendes Maß an Echtheit und Selbstkongruenz, indem ich meinen (positiven und negativen) Emotionen und Wünschen mit wachsender Wertschätzung und Wärme begegne sowie meine emotionalen Erlebnisinhalte immer mehr verbalisiere. Dazu können verhelfen: Einzel- und Gruppengespräche gemäß der klientenzentrierten Gesprächspsychotherapie oder nach anderen tiefenpsychologisch oritentierten Therapiemodellen. In diesem geschützten und akzeptierenden Rahmen kann mir meine Inkongruenz, hinter der Abwehrmechanismen stehen, bewußt werden, kann ich Echtheit mehr und mehr lernen.
b) Ich ermögliche dem Klienten ein steigendes Maß an Echtheit (Abbau von Abwehrmechanismen), indem ich ihm und seinen gefühlsmäßigen Äußerungen und Wünschen emotionale Wärme anbiete und seine emotionalen Erlebnisinhalte spiegle; außerdem begegne ich ihm mit einem hohen Maß von Echtheit meinerseits (Übereinstimmung von innerem Erleben und äußerem Verhalten).
c) Aus den genannten Konkretionen ergibt sich, daß ich innerhalb eines Gesprächs ständig zwei Ziele anstrebe:

- Mit »einem Ohr« höre ich auf den Klienten, mit dem anderen auf mich.
- Mit »einem Auge« schaue ich auf den Klienten, mit dem anderen auf mich.
- Einerseits bringe ich dem Klienten akzeptierende Wertschätzung entgegen, andererseits gibt es auch gegenüber mir selber diese Grundhaltung.
- Einerseits spiegle ich die wichtigen Äußerungen des Klienten, andererseits verbalisiere ich gegebenenfalls auch mich selber.
- Einerseits ermögliche ich dem Klienten Kongruenz und Echtsein, andererseits verhalte ich mich selber echt und offen, soweit das wünschenswert ist.
- Insgesamt bedeutet das, daß ich mich teilweise mit dem Klienten identifiziere (Teilidentifikation, Versuchsidentifikation), aber dabei auch ich selber bin (Distanz zum Klienten!). Letztlich geht es darum, Wohlbefinden und Psychohygiene des Klienten zu fördern, ohne meine eigene Identität und Psychohygiene zu vernachlässigen, – »Liebe deinen Nächsten wie dich selbst!«

Um mich nicht zu überfordern, eigne ich mir die genannten Eigenschaften in kleinen Schritten an: Ich kann mich zunächst auf ein bis zwei Punkte konzentrieren, ich kann diese nur einmal einige Minuten lang praktizieren, ich kann mich einige Zeit lang dem einen Ziel widmen (»mit einem Ohr auf den Klienten hören«) und dann dem anderen Ziel mich zuwenden (»mit dem anderen auf mich selber hören«).
d) Echt und selbstkongruent zu sein, heißt nicht, daß ich einfach alle Gedanken und Gefühle äußere, die ich innerhalb eines therapeutischen Prozesses habe, –

aber soweit ich sie äußere, sollen sie echt sein. In der Hauptsache möchte ich nur die starken und häufig wiederkehrenden Gefühle anzusprechen versuchen. Oftmals kann es sinnvoll sein, mit eigenen Äußerungen zurückhaltend zu sein (Abstinenz des Therapeuten!), damit sich der Klient mehr äußern kann: Ich schränke meinen eigenen Spielraum ein, damit der Klient mehr Spielraum für seine Äußerungen erhält. Soweit ich mein inneres Erleben mitteile, verfolge ich damit in der Regel das Ziel, dem Klienten zu weiterer Selbstexploration zu verhelfen. Ich äußere mich im Sinne der Echtheit, so weit das nötig und hilfreich ist für den Klienten, – und für mich selbst.

Es gibt noch einen anderen Grund, dem Klienten etwas von meinem inneren Erleben mitzuteilen: Klärung der Beziehungsebene. Es kann nötig und hilfreich sein, die positiven und negativen Elemente der Therapeut-Klient-Beziehung offen und echt anzusprechen.

Beispiel: »Wenn ich spüre, daß ich mich in den Kontakten mit diesem Klienten gelangweilt fühle und dieses Gefühl andauert, dann glaube ich, bin ich es ihm und unserer Beziehung schuldig, ihm dieses Gefühl mitzuteilen. Dasselbe würde gelten, wenn ich mich vor einem Klienten fürchten würde, oder wenn meine Aufmerksamkeit so auf meine eigenen Probleme konzentriert ist, daß ich ihm kaum zuhören kann« (*Rogers* und *Truax,* zit. nach *L. Pongratz,* Lehrbuch der Klinischen Psychologie, 1973, 360).

e) Sofern es darum geht, daß der Therapeut seine eigenen Gefühle echt einbringt, sind folgende Schritte nötig:

- Ich werde mir meiner Erlebnisinhalte (Gefühle, Wünsche, Werthaltungen usw.) bewußt. Dann versuche ich zu klären: Inwieweit sind meine Gefühle Reaktionen auf Äußerungen des Klienten (Gegenübertragung)? Inwieweit kommen sie (unabhängig vom Klienten) aus mir und meiner Lebensgeschichte (Übertragung des Therapeuten auf den Klienten; in diesem Fall ist größte Vorsicht geboten!)?
- Ich kläre, was ich dem Klienten – und mir – in diesem Augenblick zumuten kann und welche Ziele ich damit verfolge. Als erfahrener Therapeut und nach längerem Therapieprozeß sowie bei einer guten Beziehung kann ich dem Klienten und mir einiges zumuten.
- Ich versuche, meine Gefühle konstruktiv und als mein subjektives Erleben auszudrücken, so daß dem Klienten Freiheit bleibt für sein eigenes subjektives Erleben. Positive Beispiele: »In diesem Augenblick steigt in mir ein Gefühl von Langeweile (Furcht, Ärger usw.) auf. Wie geht es Ihnen jetzt gerade? ... Welche Gefühle haben Sie, wenn ich Ihnen das so sage?« Oder: »Ich spüre jetzt gerade Langeweile. Ich möchte mit Ihnen klären, woher das kommt und ob sich daran etwas ändern läßt.«

Negatives Beispiel: »Sie langweilen mich (machen mich ängstlich, ärgerlich, usw.). Das ist nicht recht von Ihnen ...«.

Insgesamt versuche ich also ein hohes Maß an Echtheit und Kongruenz in den Gesprächsprozeß einzubringen. Mir geht es um eine bewußte, kontrollierte, konstruktive Echtheit (kontrollierte Gegenübertragung).

f) Meine Stärken und meine Schwächen innerhalb des therapeutischen Prozesses werden mir immer mehr bewußt, so daß ich kontrolliert und konstruktiv damit umgehen kann. Insbesondere lerne ich, mit meinen persönlichen Allmachtswünschen und den Allmachtsforderungen des Klienten umzugehen. Ich weiß nicht in allen Dingen eine Antwort oder gar eine Lösung, ich bin nicht »Mädchen für alles«, ich bin keine »eierlegende Wollmilchsau« (es gibt kein Tier, das gleichzeitig Eier legt und Wolle, Milch und Fleisch spendet).

Es ist nicht leicht für mich und für den Klienten, mit diesen hohen und oft unbewußten Forderungen richtig umzugehen, aber eben dadurch wird die therapeutische Beziehung von einem hohen Druck entlastet, es entsteht mehr Solidarität, die Beziehung wird realistisch. In der Praxis bedeutet das, daß ich den Klienten spüren lasse, daß ich gemeinsam mit ihm nach der für ihn günstigen Problemlösung suchen kann, daß es aber keine »Allerweltsantwort« von außen her und oftmals keine totale Hilfe gibt.

g) Ich versuche, den Prozeß des Echtseins dadurch zu fördern, daß ich und der Klient wichtige Regeln der »Themenzentrierten Interaktion« (*Ruth Cohn*) beachten: Inwieweit ist es möglich, mein eigener Chairman zu sein, in der Ich-Form zu sprechen und persönliche Aussagen (statt Fragen) einzubringen? Wo ist es möglich, Störungen (starke emotionale Regungen) wahrzunehmen und auf Körpersignale zu achten – und beides zu verbalisieren? (Siehe Einführungskapitel dieses Buches, Abschnitt »Methoden der Gruppenarbeit«).

h) Ich komme weiter auf dem Weg, Abwehrmechanismen (bei mir und beim Klienten) bewußt zu machen und abzubauen. Ich erkenne also immer mehr, daß ich abwehre, wie ich abwehre, was ich abwehre – und wozu ich das brauche. Abwehr kann lebensfeindlich sein, hat aber auch eine lebenserhaltende Schutzfunktion; dementsprechend prüfe ich sorgfältig, ob es im konkreten Fall darum geht, Abwehrmechanismen abzubauen oder stehen zu lassen.

Ich lasse mich auf Erfahrungen ein, welche Rolle (bei mir und dem Klienten) das »Es«, das »Ich« und das »Überich« spielen, und bin offen für Veränderungen in ihrem Zusammenspiel. In der Sprache der Transaktionsanalyse heißt das: Welche Rolle spielen das »Kindheitsich« (dazu gehören die natürlichen, vitalen Triebregungen), das »Erwachsenenich« (hierher gehört das bewußte, sachlich und realistisch orientierte Ich) und das »Elternich« (dazu gehören die Normen der Eltern und der gesellschaftlichen Moral)? (vgl. *T. A. Harris,* rororo-Sachbuch 6916).

i) Es gibt einige konkrete Fragestellungen, die das Echtsein fördern, die speziell eine größere Kongruenz von innerem Wünschen und äußerem Verhalten ermöglichen. Ich kann etwa so formulieren:

- Was wünschen Sie sich in diesem Augenblick? Bitte fantasieren Sie aus, wie Ihr Leben aussehen müßte, damit es Ihnen gut geht? ...«
- »Wo können Sie Ihren Wünschen gemäß handeln? Was hindert Sie daran, sich gemäß Ihren Wünschen zu verhalten? ...«
- »Was können Sie tun, damit es Ihnen besser geht? ...«

j) Ich strebe an, daß mein therapeutisches Verhalten weithin echt und aufrichtig ist. Ich stehe also mit meiner ganzen Person dahinter, wenn ich beispielsweise nach Methoden der klientenzentrierten Gesprächspsychotherapie arbeite, wenn ich also dem Klienten mit akzeptierender Wärme und mit »Verbalisierung emotionaler Erlebnisinhalte« begegne. Wo ich dieses Ziel nicht erreiche, bin ich mir dessen bewußt und kann diese Grenze echt akzeptieren.

k) *Einschätzungsskala zur Echtheit und Selbstkongurenz*

(Diese Skala ist eine Umarbeitung der Skalen von *C. Rogers, C. Truax* und *R. R. Carkhuff,* vgl. *Tausch* 1970, 130, sowie Manuskript von *W. M. Pfeiffer*):
*Stufe 1:* Offensichtlicher Widerspruch zwischen den Äußerungen und den Gefühlen (innerem Erleben) des Therapeuten. Wo es aber zu echten Reaktionen des Therapeuten kommt, sind sie von destruktivem Charakter, indem sie die Besonderheit des Klienten verneinen.
*Stufe 2:* Der Therapeut verhält sich gemäß einer vorgegebenen Rolle (professionell oder weil er »gut ankommen« will) und vermeidet es, seine persönlichen Gefühle auszudrücken. Wenn er echte Gefühle äußert, so sind sie eher negativ oder defensiv und werden nicht als Grundlage für eine weitere Klärung der Beziehung eingesetzt.
*Stufe 3:* Der Therapeut läßt keine Anzeichen eines Widerspruchs zwischen innerem Erleben und äußerem Verhalten erkennen, aber er tritt (fast) nicht als eigene Person in Erscheinung.
*Stufe 4:* Der Therapeut teilt öfter seine eigenen Gefühle mit (seien sie positiv oder negativ), wenn er mitunter auch zögert, sie voll auszusprechen. Was er sagt, ist echt. Zumindest zeitweise setzt er seine Gefühle ein für die weitere Exploration der Beziehung zwischen Therapeut und Klient.
*Stufe 5:* Der Therapeut ist in der Beziehung zum Klienten frei er selbst. Er ist spontan in der Interaktion und offen für alle Formen seiner Gefühle, seien sie erfreulich oder unangenehm. Er ist in hohem Maße er selbst, seine Gefühle und Äußerungen stimmen überein. Immer wieder setzt er seine Gefühle konstruktiv

ein, um neue Bereiche der Therapeut-Klient-Beziehung der Erkenntnis beider zu öffnen und die Beziehung zu klären.

*Anmerkung:*
In kurzen, konfliktzentrierten Therapien ist die Stufe 3 oft ausreichend. Im übrigen hängt es von der Sicherheit des Therapeuten und den Möglichkeiten des Klienten, vom augenblicklichen Kontext und der Entwicklungsphase der Therapie ab, ob und wie über diese Stufe 3 hinauszugehen ist. Bei intensiven Therapien soll Stufe 4 nach einigen Sitzungen erreicht sein, während Stufe 5 wohl nur unter besonderen Bedingungen zu verwirklichen ist.
*Ergänzung:*

## 9.5. Praktische Übungen

*Übung 1 (hauptsächlich zu Konkretion »a«)*

Suchen Sie bitte regelmäßig die Hilfestellung (Gespräch und Übungen) auf, die erfahrene Supervisoren und Ausbilder anbieten. Konkret heißt das zum Beispiel: Teilnahme an Fallbesprechungsgruppe (Balint-Gruppe), Einzelsupervision, Selbsterfahrungsgruppe, therapeutische Einzelgespräche für persönliche Probleme, Gruppe zur Sensibilisierung für Körpersprache (Gestalttherapie, Konzentrative Bewegungstherapie, Psychodrama usw.).

*Übung 2*

Bitte machen Sie immer wieder Ihre Erfahrungen mit den Eingangsübungen Nr. 1 und 2 (siehe Anfang dieses Kapitels).

*Übung 3*

Die folgende Übung (nach *L. Schwäbisch/M. Siems* 1974) soll Ihnen helfen, die Folgen von direkten Gefühlsäußerungen zu erkennen. Direkte Gefühlsäußerungen in der Ich-Form sind zum Beispiel echter und klarer und hilfreicher als indirekte Äußerungen. Versetzen Sie sich in der nachstehenden Übung in die Rolle des Angesprochenen und notieren Sie stichwortartig Ihre Gefühle!

1. Sie wollen mit Ihrer Frau ausgehen und kommen nun gerade umgezogen ins Wohnzimmer. Ihre Frau sagt:
   a) »Findest Du Deine Kleidung etwa geschmackvoll?«
   Ihre Gefühle:
   b) »Irgendwie mag ich Deine Kleidung heute abend nicht.«
   Ihre Gefühle:

2. Sie erledigen eine Arbeit im Haus, bei der es laut zugeht. Ihr Ehepartner liest gerade ein Buch. Er sagt zu Ihnen:
   a) »Sei bitte ruhig!«
      Ihre Gefühle:
   b) »Mich stört das ganz schön, wenn Du so laut arbeitest.«
      Ihre Gefühle:
3. Stellen Sie sich vor, Sie sind zärtlich mit einem Partner zusammen, und der sagt Ihnen plötzlich:
   a) »Du bist wirklich unsensibel.«
      Ihre Gefühle:
   b) »Du, ich brauche noch mehr Einfühlung von Dir.«
      Ihre Gefühle:
4. Sie sind in einem Gespräch mit einem Arbeitskollegen und widersprechen ihm recht schnell. Er sagt Ihnen:
   a) »Man kann da nicht einfach widersprechen.«
      Ihre Gefühle:
   b) »Ich mag gar nicht weitersprechen, wenn Sie so schnell mit Nein antworten.«
      Ihre Gefühle:
5. Stellen Sie sich vor, Sie wären ein Kind und sprächen mit Ihrem Lehrer. Sie sind aber recht unaufmerksam. Ihr Lehrer sagt:
   a) »Du hörst mir ja nie zu«.
      Ihre Gefühle:
   b) »Ich habe keine Lust, weiterzureden, weil ich nicht weiß, ob es Dich überhaupt interessiert.«
      Ihre Gefühle:
6. Sie sprechen mit Ihrem Ehepartner über die schwachen schulischen Leistungen Ihres Kindes. Sie erhalten die Antwort:
   a) »Du solltest wirklich strenger sein mit dem Kind.«
      Ihre Gefühle:
   b) »Ich selbst würde strenger mit dem Kind sein und würde es gut finden, wenn Du auch so denken würdest«.
      Ihre Gefühle:

*Übung 4 (zu Konkretion »g«)*

Hier lernen Sie ein Stück weit, wie Sie anhand der Regeln der »Themenzentrierten Interaktion« (*Ruth Cohn*) zu mehr Echtheit und Transparenz kommen können, und wie Sie Ihrem Klienten helfen können, diese Regeln ebenfalls zu beachten und auf diese Weise mehr Selbstexploration und Selbstkongruenz zu finden, also echter und freier er selbst zu sein.

Die Lerngruppe beschäftigt sich etwas eine Stunde lang mit einem für sie akuten und emotional getönten Thema. Dabei versucht jeder, wichtige TZI-Regeln zu beachten (vgl. Einführungskapitel dieses Buches, Abschnitt »Methoden der Gruppenarbeit« ). Zwei Gruppenmitglieder, die im Umgang mit diesen Regeln Erfahrung haben, übernehmen die Aufgabe, jedem einzelnen Gruppenteilnehmer bei der Anwendung dieser Kommunikationsregeln zu helfen. Sie tun es nicht schulmeisterisch, sondern mit einer therapeutischen Haltung.

*Beispiele:*
Wenn ein Gruppenmitglied in der Form des »man« oder »wir« spricht, kann die Intervention heißen: »Mich interessiert, wie Sie persönlich dazu stehen ... Wollen Sie es in der Ich-Form sagen ...«

Stellt ein Gesprächsteilnehmer einfach nur eine Frage in den Raum oder an ein anderes Gruppenmitglied, kann so interveniert werden: »Ich nehme an, daß Sie selber auch eine Antwort auf diese Frage haben, das interessiert mich ... Wollen Sie mir den Hintergrund Ihrer Frage mitteilen, damit ich Sie besser verstehen kann ...« – Wenn ein Gesprächsteilnehmer eine Störung (starke emotionale Regung) hat und dies etwa durch Körpersprache signalisiert, kann die Intervention so heißen: »Mir fällt auf, daß Sie etwas sehr beschäftigt (daß Sie unruhig oder abwesend oder ... dasitzen) ... Ich möchte gerne daran Anteil nehmen ... Wollen Sie mir sagen, wie es Ihnen geht?«
Nach dieser Übungsrunde wird das Erleben und Verhalten methodisch reflektiert.

*Übung 5 (vorwiegend zu Konkretion »g«)*

Diese Übung macht Sie aufmerksam, inwieweit Ihre averbalen Äußerungen (Körpersprache) mit den verbalen übereinstimmen. Gleichzeitig haben Sie die Möglichkeit, nach einer Äußerung zu suchen, die besonders hilfreich ist.

1. Wenn Sie gegenüber Ihrem Gesprächspartner Langeweile empfinden:
   a) Wie drücken Sie sich averbal aus (Körperhaltung)?
   b) Wie sprechen Sie Ihr Gefühl normalerweise (bisher) aus?
   c) Welche Antwort würde Sie und den Partner noch mehr befriedigen?
2. Wenn in Ihnen in der Begegnung mit dem anderen Ärger aufsteigt:
   a) Wie drücken Sie sich averbal aus (Körpersprache)?
   b) Wie sprechen Sie Ihr Gefühl normalerweise aus?
   c) Welche Antwort würden Sie lieber geben?
3. Wenn Ihnen jemand etwas sagt, was Sie verletzt:
   a) Wie drücken Sie sich averbal aus (Körpersprache)?
   b) Wie sprechen Sie Ihr Gefühl normalerweise aus?
   c) Wie könnten Sie sich noch besser ausdrücken?

4. Wenn Sie Sympathie und Zuneigung für den Gesprächspartner verspüren:
   a) Wie drücken Sie sich averbal aus (Mimik, Gestik, Sitzhaltung)?
   b) Wie sprechen Sie Ihr Gefühl normalerweise aus?
   c) Welche Antwort wäre wohl noch günstiger?
5. Wenn Sie sich gegenüber dem Gesprächspartner unsicher fühlen:
   a) Wie drücken Sie sich averbal aus?
   b) Wie sprechen Sie Ihr Gefühl normalerweise aus?
   c) Welche Antwort wäre noch günstiger (für Sie und den anderen)?

*Übung 6 (zu Konkretion »k«)*

Versuchen Sie, sich selber anhand der »Einschätzungsskala zur Echtheit und Selbstkongruenz« (siehe Konkretion »k«) einzustufen im Blick auf Ihr therapeutisches Verhalten im Einzelgespräch; Sie können das gefühlsmäßig und grundsätzlich tun, sollten aber auch Tonbandaufzeichnungen von Gesprächen mit Klienten oder von Rollenspielen verwenden. Prüfen Sie, ob Sie von Mitgliedern Ihrer Lerngruppe oder Ihrem Supervisor ähnlich eingeschätzt werden, – andere Menschen können natürlich nur einschätzen, wie Ihr Verhalten auf sie wirkt, nicht aber, ob Sie wirklich echt oder unecht sind.

*Übung 7 (zu Konkretion »c«)*

In dieser nonverbalen Übung geht es darum, wie weit es mir momentan möglich ist, gleichzeitig klientenzentriert *und* echt, d. h. auf mich selber zentriert und mit mir identisch zu sein.

Jeder aus der Gruppe sucht sich einen Partner. Während der Übung, die etwa 5 Minuten dauert, wird nicht gesprochen; die Aufmerksamkeit gehört insbesondere den Körper- und Gefühlsäußerungen.

Partner 1 und Partner 2 stehen sich auf Armlänge gegenüber, bewegt werden nur Arm (Arme) und Hand (Hände) samt Fingern. P 1 spielt den Klienten: Er streckt Arm oder Arme nach vorne und führt die Bewegungen aus, die ihm spontan einfallen (er kann auch Pausen einlegen); er bewegt sich nur so schnell, daß er mit seinem Fühlen »mitkommt«. P 2 spielt den Therapeuten: Er steckt ebenfalls Arm oder Arme nach vorne, seine Hände sind den Händen von P 1 möglichst nahe, berühren sie aber nicht; er macht die Bewegungen von P 1 genau nach (partnerzentriertes Verhalten!); entscheidend ist, daß er nur soweit mitmacht, wie es seine Echtheit und seine Selbstkongruenz zulassen, er kann also auch andere oder langsamere Bewegungen als P 1 machen oder pausieren usw.

Nach diesem Übungsteil werden die Rollen gewechselt: P 1 stellt sich auf den Platz von P 2 und übernimmt die Rolle von P 2, – entsprechend verhält sich P 2. – Anschließend tauschen die beiden Übungspartner ihre Erfahrungen aus.

Jetzt sucht sich jedes Gruppenmitglied einen anderen Übungspartner und wiederholt mit diesem die ganze Übung einschließlich Auswertungsgespräch. Zum Abschluß werden die individuellen Erfahrungen im Gruppengespräch ausgetauscht und ausgewertet. Folgende Fragen können hereingenommen werden:

a) Inwieweit fühlte ich mich wohl in der Rolle des »Klienten« bzw. des »Therapeuten«? Fiel mir das eine leichter als das andere?
b) Was war für mich angenehm bzw. schwierig? Stimmen meine Wahrnehmungen und Gefühle mit denen des Partners überein, oder war vielleicht für ihn angenehm, was mir unangenehm erschien?
c) Konnte ich meinem Partner mitteilen und ihn spüren lassen, wie es mir geht? Konnte er es wahrnehmen?
d) Habe ich mich auf schwierige Grenzsituationen einlassen können? (Beispiel: Meine Hände zittern, mir fällt nichts ein, als »Therapeut« mache ich bestimmte Dinge nicht mit ...)
e) Wo und inwieweit war ich echt bzw. fassadenhaft? Konnte ich als »Therapeut« dem »Klienten« und mir selber gerecht werden, also Echtsein ermöglichen? Inwieweit kann ich diese Gegensätze vereinbaren, diese beiden Pole unter einen Hut bringen?
f) Wie läßt sich die Erfahrung dieser nonverbalen Übung übertragen auf das Gespräch zwischen Therapeut und Klient?

*Übung 8 (vorwiegend zu Konkretion »c, d, e, f, h, k«)*

Die Übung findet innerhalb der Lerngruppe oder der Einzelsupervision statt.

Bitte erinnern Sie sich an ein Gespräch mit einem Klienten. Stellen Sie nun einen leeren Stuhl vor sich hin und stellen Sie sich vor, daß dieser Klient darauf sitzt. Und jetzt versuchen Sie, ihm all das zu sagen, was Sie innerhalb des stattgefundenen Gesprächs nicht sagten, wohl aber gedacht und gefühlt haben. Wenn Ihnen das sehr schwer fällt, können Sie sich von Gruppenteilnehmern »doppeln« lassen: Jemand setzt sich hinter oder neben Sie und verbalisiert möglichst deutlich und konkret Ihre Gefühle, Wünsche, Werthaltungen usw. Sie selber entscheiden, wie weit Sie gehen und wann Sie aufhören möchten. – Anschließend wird diese Übung ausgewertet.

Eine (schwierigere) Variante dieser Übung verläuft so:

Sie führen als Therapeut ein Gespräch mit einem Gruppenmitglied (Rollenspiel). Dann verläßt Ihr Gesprächspartner seinen Stuhl und Sie versuchen nun zum leeren Stuhl hin zu sagen, was Sie im Gespräch nicht sagen konnten oder wollten. Auch jetzt können Sie sich wieder »doppeln« lassen. Außerdem ist es möglich, daß sich nach Ihnen andere Gruppenteilnehmer auf Ihren Stuhl setzen und zum leeren Stuhl hin mitteilen, was sie während des Rollenspiels dachten und fühlten, aber wohl nicht gesagt hätten. Auch hier erfolgt zum Abschluß ein Auswertungsgespräch innerhalb der Gruppe. In das Auswertungsgespräch können folgende Fragen hereingenommen werden:

a) Wie fühle ich mich als Therapeut vor, während und nach dieser Übung?
b) Wie fühlt sich wohl mein Klient, wenn ich ihm all diese Mitteilungen mache, und wie, wenn ich sie verschweige?
c) Was hemmt mich, solche Mitteilungen zu machen? Welche Nachteile befürchte ich (für mich selber, für den Klienten und für unsere Beziehung)?
d) Was sind die Folgen für die Beziehungsebene und den therapeutischen Prozeß, wenn ich meine Gefühle frei ausspreche bzw. ganz zurückhalte?
e) Wie kann ich die Mitteilungen zum leeren Stuhl hin, die sicherlich auch unkontrolliert und destruktiv waren, konstruktiv einbringen? Ich suche gemeinsam mit der Gruppe nach Alternativlösungen.

*Übung 9 (vorwiegend zu Konkretion »c, d, e, f, h, k«)*

Ebenso wie die vorausgegangene Übung bietet Ihnen auch diese Übung die Chance, das anzusprechen, was Sie im realen Gespräch (noch) nicht sagen können, vielleicht auch nicht aussprechen sollten.

Lassen Sie sich bitte auf ein Rollenspiel mit einem Gruppenmitglied ein, wobei Sie den Therapeuten spielen. Sie erstreben ein hohes Maß an Echtheit und Selbstkongruenz, versuchen also, Ihre Gefühle zum Klienten hin zu äußern. Sobald Sie Schwierigkeiten haben, Ihre Gedanken und Gefühle zu äußern, nehmen Sie eine Hand vor den Mund, wenden den Kopf leicht zur Seite und sprechen zur Seite hin, was Sie direkt nicht aussprechen können. Dann wenden Sie sich wieder dem Klienten zu und sagen ihm, was Sie wollen und können. – Wenn Ihnen diese Aufgabe zu schwer erscheint, machen Sie mit der Gruppe aus, daß Sie jederzeit Ihren Stuhl verlassen können und daß dann ein anderes Gruppenmitglied die Rolle des Therapeuten übernimmt. – Ein Auswertungsgespräch schließt sich an.

Eine Übungsvariante sieht so aus: Sie stellen der Lerngruppe das Tonbandprotokoll eines Gesprächs mit einem Klienten vor. Sobald Sie beim Abspielen etwas Wichtiges denken oder fühlen, stoppen Sie das Tonband und äußern sich mit vorgehaltener Hand zur Seite hin. Dann läuft das Tonband weiter. – Sie können die Gruppe zur aktiven Mitarbeit einladen: Jeder kann das Tonband stoppen und sich dann zur Seite hin und mit vorgehaltener Hand äußern. Auf diese Weise haben Sie es wohl leichter, Sie erleben mehr Solidarität.

Eine relativ leichte und die ganze Gruppe aktivierende Übungsvariante verläuft so: Die Gruppe wählt sich eine emotional besetzte Problemstellung. Beispiel: »Mein Klient lebt in einer mittelmäßigen Ehe, hat zwei Kinder, verliebt sich in einen anderen Partner und will mit ihm schlafen.« Jetzt versuchen alle Gruppenmitglieder, diejenigen Gedanken und Gefühle mit vorgehaltener Hand »nebenhinaus« auszusprechen, die sie im Gespräch mit einem Klienten wohl nicht äußern würden.

Es folgt ein freies Auswertungsgespräch, in das abschließend die Fragen hereingenommen werden können, die am Ende von Übung 8 stehen.

*Übung 10*

Weil diese Übungen anstrengen und das Echtsein ein echtes Problem ist, folgen einige Karikaturen von *Jals* (»Verzeihung – das war Absicht«, Materialdienst der Evang. Tagungsstätte Löwenstein 1976; Deutsches Allgemeines Sonntagsblatt, Hamburg, 12. 3. 1978), die Sie zum (verständnisvollen) Schmunzeln bringen können, vielleicht auch zu einem lächelnden Lernprozeß.

Stellen Sie sich vor, daß in diesen Bildern der Therapeut (im Bild Nr. 3 Therapeut und Klient) mit seinem »Schatten« abgebildet ist, also mit dem, was man in der Regel nicht zeigt und nicht sieht, was man nicht ausspricht und nicht hört, – was aber sehr wohl »gefühlt« werden kann. Welche Einfälle kommen Ihnen zu diesen Bildern? Wollen Sie sich Ihre »Schatten« einfallen lassen und vielleicht auch zeichnen? Ziel des Echtseins ist, daß Sie immer mehr Ihre »Schatten« wahrnehmen und akzeptieren und integrieren, daß es bei Ihnen immer mehr zu einer Entsprechung von »Bild« und »Schatten«, von »Außen« und »Innen« kommt.

*Übung 11 (zu Konkretion »h«)*

Sie können erste Erfahrungen machen mit der Persönlichkeitstheorie von *Sigmund Freud,* die in vereinfachter Form von der Transaktionsanalyse aufgenommen wird. *Freud* spricht vom Es, Überich und Ich, die Transaktionsanalyse in ähnlicher Weise von Kindheitsich, Elternich, Erwachsenenich. Die folgende Übung personifiziert diese Ich-Zustände, läßt Sie das Land dieser Ich-Zustände ein Stück weit erleben und er-fahren.

Die Gruppe wählt sich ein emotional interessantes Thema oder das Problem eines einzelnen Teilnehmers. Dann übernimmt ein Gruppenmitglied die Rolle des Erwachsenenich und setzt sich auf einen Stuhl. Ein zweites Gruppenmitglied spielt die Rolle des Kindheitsich und setzt sich links neben dem Erwachsenenich auf den Boden. Ein dritter Gruppenteilnehmer übernimmt die Rolle des Elternich und stellt sich rechts hinter dem Erwachsenenich auf. – Dann fängt das Erwachsenenich an, laut über das gewählte Thema (Problem) zu meditieren. Mit der Zeit äußern sich dann auch das Kindheitsich und das Elternich gemäß ihrer Rolle zum Thema. Das Erwachsenenich hört sich das an und entscheidet von Fall zu Fall, welche dieser Aussagen es überhört oder aber in sein Meditieren hereinnimmt. Auf diese Weise wird das Thema in einem Dreiergespräch erarbeitet.

Diese Übung wird interessanter, wenn mit der Zeit noch andere Gruppenmitglieder zur Dreiergruppe stoßen und als Erwachsenenich, Kindheitsich oder Elternich mitspielen.

Eine Übungsvariante sieht so aus: Zwei Gruppenteilnehmer machen ein Rollenspiel, indem der eine den Therapeuten spielt, der andere den Klienten; beide Akteure versuchen, die Rolle des Erwachsenenichs zu übernehmen. Jeder der beiden Akteure hat ein (oder mehrere) Kindheitsich und ein (oder mehrere) Elternich zur Seite.

Im anschließenden Auswertungsgespräch wird u. a. geklärt, welche Rolle das Erwachsenen-, das Kindheits- und das Elternich spielten, wie sie miteinander umgingen, inwieweit abgewehrt wurde, wie und was abgewehrt wurde und wozu das führte.

## 10. Selbstexploration des Klienten

Dieses Kapitel handelt vom Verhalten des Klienten innerhalb des therapeutischen Prozesses, während alle anderen Kapitel um das Verhalten des Therapeuten kreisen. Von der Selbstexploration des Klienten muß hier gesprochen werden, weil sie in engem Zusammenhang mit dem Verhalten des Gesprächspsychotherapeuten steht.

### 10.1. Lernimpuls

»Unter ›Selbstexploration‹ soll verstanden werden, daß der Klient über sich selbst, besonders über seine spezifisch persönlichen inneren Erlebnisse spricht, sich über sie klarer wird oder daß er sich wenigstens deutlich um Klärung bemüht« (*Tausch* 1970, 243). Ein hohes Ausmaß an Selbstexploration (Selbsterkundung) hat der Klient, der intensiv spricht von seinen Gefühlen, seinen Interessen und Wünschen, seinen »gefühlsmäßigen Bewertungen seiner Umwelt, seines eigenen Verhaltens und Erlebens« (*Tausch* a. a. O.).

Empirische Untersuchungen haben ergeben, daß eine stark ausgeprägte Selbstexploration eng damit zusammenhängt, daß sich der Klient konstruktiv und positiv verändert (*Tausch* 1973, 286f.). Als logische Folge dieses Tatbestands ergibt sich:

### 10.2. Konkretion

a) Der Therapeut achtet aufmerksam darauf, inwieweit sich der Klient selber exploriert; schon die ersten Gespräche geben darüber Aufschluß (*Tausch* 1973, 289).
b) Die Aktivität des Therapeuten (sein Annehmen und Wertschätzen, sein Verbalisieren, seine Echtheit und Selbstkongruenz) gilt den Selbstexplorationen des Klienten und verstärkt sie. In dieser Weise bietet der Therapeut Hilfe zur Selbsthilfe.
c) Was Selbstexploration des Klienten im einzelnen bedeutet und wie sie sich einstufen läßt, zeigen die zwei folgenden Einschätzungsskalen:

*Skala I zur Einschätzung der Selbstexploration des Klienten*
*(R. R. Carkhuff,* New York 1969, zit. nach *Tausch* 1973, 286):

*Stufe 1:* Der Klient spricht nicht über persönlich bedeutsame Inhalte, entweder weil er keine Gelegenheit dazu hat, oder weil er aktiv das Gespräch darüber vermeidet, auch wenn ihm das vom Psychotherapeuten nahegelegt wird.

*Stufe 2:* Der Klient geht auf die persönlich bedeutsamen Inhalte ein, die der Psychotherapeut ihm zuführt, aber er macht es nur mechanisch und ohne wirkliche Gefühle zu zeigen.

*Stufe 3:* Der Klient bringt das Gespräch von sich aus auf persönlich bedeutsame Inhalte, aber er macht es nur mechanisch und ohne Ausdruck echter Gefühle.

*Stufe 4:* Der Klient ist deutlich aktiv und spontan bemüht, neue Gefühle zu erfahren und Erfahrungen über sich und seine Umwelt zu machen.

*Skala II zur Einschätzung der Selbstexploration des Klienten*
(*Tausch* 1973, 287, nach *Eckert* und *Schwartz,* Diss. Hambg. 1972; hier leicht verändert und gekürzt wiedergegeben):

| | ja, ganz genau +3 | ja +2 | eher ja + 1 | eher im Gegenteil − 1 | im Gegenteil − 2 | ganz im Gegenteil − 3 |
|---|---|---|---|---|---|---|
| a) Klient setzt sich intensiv mit seinem Erleben und seinen Einstellungen auseinander | | | | | | |
| b) Klient geht bei seinen Äußerungen innerlich mit | | | | | | |
| c) Klient nimmt gegenüber seinen Gefühlen eine akzeptierende Haltung ein | | | | | | |
| d) Klient spricht überwiegend über sein gefühlsmäßiges Erleben | | | | | | |
| e) Klient äußert sich differenziert über sein gefühlsmäßiges Erleben, über sich selbst und seine gefühlsmäßigen Beziehungen zur Umwelt | | | | | | |

| | | | | | |
|---|---|---|---|---|---|
| + 3 | + 2 | + 1 | − 1 | − 2 | − 3 |

## 10.3. Praktische Übungen

Bitte stufen Sie anhand der angeführten Einschätzungsskalen die Selbstexploration von Klienten ein. Als Material können Sie verwenden:

a) die Gesprächsprotokolle des Kapitels »Einführung in die Praxis der Gesprächspsychotherapie«,
b) die Gesprächsausschnitte sowie die einzelnen Klientenäußerungen des Kapitels »Spiegelnde Methode«,
c) Tonbandaufzeichnungen von Rollenspielen,
d) Tonbandaufzeichnungen von therapeutischen Gesprächen, die Sie selber führten.

## 11. Zur Kontrolle des Verhaltens innerhalb der Gesprächspsychotherapie

Anhand von Tonbandaufzeichnungen (Aufnahmen von echten therapeutischen Gesprächen oder von Rollenspielen) läßt sich das Verhalten eines Therapeuten (Sozialpädagogen, Seelsorgers, Erziehers, Beraters, Arztes) am zuverlässigsten analysieren, kontrollieren und verbessern. Das Arbeiten mit dem Tonband gehört unabdingbar zur therapeutischen Tätigkeit und muß regelmäßig stattfinden, und zwar in doppelter Form:

a) Eigenkontrolle: Der Therapeut hört regelmäßig alleine für sich Ausschnitte der Tonbandaufzeichnungen seiner Gespräche ab und analysiert sie.
b) Fremdkontrolle: Der Therapeut führt Ausschnitte seiner Tonbandaufnahmen einem anerkannten Supervisor oder einem Kollegenkreis (Arbeitsgruppe für Gesprächspsychotherapie) vor und erhält so ein Feedback von außen. Die Fremdkontrolle geschieht nach Methoden der klientenzentrierten Gesprächspsychotherapie. Stellen sich bei der Kontrolle des therapeutischen Verhaltens Lücken und Schwächen heraus, dann empfiehlt es sich, diejenigen Kapitel dieses Buchs nachzuarbeiten, die von dieser Problematik handeln.

Zur *Kontrolle des therapeutischen Verhaltens* können benutzt werden:

a) Einschätzungsbogen für klientenzentrierte Gesprächspsychotherapie
b) Therapeuten-Erfahrungsbogen (*Eckert* und *Schwartz* 1971).
   Im Sinne der Gegenkontrolle ist es nötig, daß der Therapeut regelmäßig von seinem Klienten folgende Fragebogen ausfüllen läßt:
c) Klienten-Erfahrungsbogen (*Tausch* 1973, 284f.),
d) Einschätzungsbogen des Psychotherapeutenverhaltens durch den Klienten (*Tausch* 1973, 303f.).

Auf den folgenden Seiten werden diese vier Einschätzungsbogen vorgeführt.

## Einschätzungsbogen für klientenzentrierte Gesprächspsychotherapie

*1. Verbalisierung emotionaler Erlebnisinhalte*

| | 1 Belehrungen, Bewertungen usw. | 2 äußere Sachverhalte | 3 nebensächliche Erlebnisinhalte | 4 ein Teil wesentlicher Erlebnisinhalte | 5 überwiegender Teil wesentlicher Erlebnisinhalte | 6 alle wesentlichen Erlebnisinhalte, genaue Form | Durchschnitt der Gruppeneinschätzung |
|---|---|---|---|---|---|---|---|
| 1. Gesprächsausschnitt | | | | | | | |
| 2. Gesprächsausschnitt | | | | | | | |
| 3. Gesprächsausschnitt | | | | | | | |
| 4. Gesprächsausschnitt | | | | | | | |
| Gefühlsmäßige Gesamteinschätzung | | | | | | | |

*2. Wertschätzung und emotionale Wärme*

| | 1 sehr wenig | 2 wenig | 3 eher viel als wenig (Grundstufe) | 4 viel | 5 sehr viel | | Durchschnitt der Gruppeneinschätzung |
|---|---|---|---|---|---|---|---|
| 1. Gesprächsausschnitt | | | | | | | |
| 2. Gesprächsausschnitt | | | | | | | |
| 3. Gesprächsausschnitt | | | | | | | |
| 4. Gesprächsausschnitt | | | | | | | |
| Gefühlsmäßige Gesamteinschätzung | | | | | | | |

*3. Echtheit und Selbstkongruenz*

| | 1<br>sehr wenig | 2<br>wenig | 3<br>Grundstufe therapeutischer Wirksamkeit | 4<br>viel | 5<br>sehr viel | Durchschnitt der Gruppen-einschätzung |
|---|---|---|---|---|---|---|
| 1. Gesprächsausschnitt | | | | | | |
| 2. Gesprächsausschnitt | | | | | | |
| 3. Gesprächsausschnitt | | | | | | |
| 4. Gesprächsauschnitt | | | | | | |
| Gefühlsmäßige Gesamteinschätzung | | | | | | |

*4. Selbstexploration des Klienten*

| | 1<br>Nichts von sich selbst, nur äußere Sachverhalte | 2<br>äußere Sachverhalte und eig. Verhalten ohne innere Erlebnisinhalte | 3<br>eigenes Verhalten oder äußere Vorgänge und innere Erlebnisinhalte | 4<br>überwiegend innere Erlebnisinhalte | 5<br>wie 4 und Suchen von Aspekten und Zusammenhängen | 6<br>wie 4 und Finden von Aspekten und Zusammenhängen | Durchschnitt der Gruppeneinschätzung |
|---|---|---|---|---|---|---|---|
| 1. Gesprächsausschnitt | | | | | | | |
| 2. Gesprächsausschnitt | | | | | | | |
| 3. Gesprächsausschnitt | | | | | | | |
| 4. Gesprächsausschnitt | | | | | | | |
| Gefühlsmäßige Gesamteinschätzung | | | | | | | |

## Therapeuten-Erfahrungsbogen

Therapeut: ______________________ Klient: ______________________

Insgesamt __________ ter Kontakt am ______________________ 19______

Bitte beantworten Sie die folgenden Fragen unmittelbar im Anschluß an das heutige Gespräch mit Ihrem Klienten

| | ja, ganz genau | ja | eher ja | eher im Gegenteil | im Gegenteil | ganz im Gegenteil |
|---|---|---|---|---|---|---|
| 1. Nach dieser Stunde fühle ich mich unbefriedigt | | | | | | |
| 2. Das Gespräch heute drehte sich oft um dieselben Inhalte | | | | | | |
| 3. Ich spürte, daß der Klient mir bzw. dieser Form der Psychotherapie vertrauensvoll gegenüberstand | | | | | | |
| 4. Die Haltung des Klienten mir gegenüber hat mich in meinem Verhalten verunsichert | | | | | | |
| 5. Ich hatte das Gefühl, daß der Klient sich in seinen Einstellungen und Gefühlen sehr leicht beeinflussen ließ | | | | | | |
| 6. Ich fühlte mich in der Beziehung zum Klienten sehr frei, wenig gezwungen und verhielt mich recht natürlich | | | | | | |
| 7. Ich war heute so engagiert, daß ich mich wunderte, wie schnell die Zeit verging | | | | | | |
| 8. Ich habe heute vom Klienten für meine Äußerungen oft Bestätigung erhalten | | | | | | |
| 9. Nach diesem Gespräch bin ich bezüglich des Therapieausgangs eigentlich recht optimistisch | | | | | | |

| | ja, ganz genau | ja | eher ja | eher im Gegenteil | im Gegenteil | ganz im Gegenteil |
|---|---|---|---|---|---|---|
| 10. Ich hatte heute das Gefühl, daß der Klient noch mit etwas »hinter dem Berge zurückhielt« | | | | | | |
| 11. Ich fühlte mich dem Klienten irgendwie unterlegen | | | | | | |
| 12. Ich hatte den Eindruck, daß der Klient heute wenig vorangekommen ist | | | | | | |
| 13. Es fiel mir heute schwer, die Äußerungen des Klienten angemessen zu reflektieren | | | | | | |

Wenn in Richtung »ja« beantwortet: Warum?
(Schildern Sie bitte kurz die Gründe, die Ihrem Eindruck nach wesentlich waren).

## Klienten-Erfahrungsbogen

Code ______________________ Name ______________________

Insgesamt ______tes psychotherapeutisches Gespräch am ______________19____

Psychotherapeut in diesem Gespräch ______________________

Bitte beantworten Sie die folgenden Fragen zum heutigen psychotherapeutischen Gespräch – möglichst noch heute

| | ja, ganz genau | ja | eher ja | eher im Gegen-teil | im Gegen-teil | ganz im Gegen-teil |
|---|---|---|---|---|---|---|
| 1. Pausen während unseres Gespräches haben mich belastet | | | | | | |
| 2. Während des Gespräches – und auch jetzt noch – fühlte ich mich körperlich entspannt | | | | | | |
| 3. Durch die Zurückhaltung des Psychotherapeuten fühlte ich mich verunsichert | | | | | | |
| 4. Im heutigen Gespräch erschienen mir einige meiner Probleme im neuen Licht | | | | | | |
| 5. Nach dem heutigen Gespräch bin ich innerlich irgendwie ruhiger geworden | | | | | | |
| 6. Ich fühlte mich gehemmt, dem Therapeuten alles zu sagen, was mich beschäftigte | | | | | | |
| 7. Es fiel mir heute schwer, meine Empfindungen und Gedanken in Worte zu fassen | | | | | | |
| 8. Ich sehe nach dieser Stunde dem kommenden Tag zuversichtlicher entgegen | | | | | | |
| 9. So wie das Gespräch heute lief, hat es mich nicht befriedigt | | | | | | |

Fortsetzung
Klienten-Erfahrungsbogen

| | ja, ganz genau | ja | eher ja | eher im Gegenteil | im Gegenteil | ganz im Gegenteil |
|---|---|---|---|---|---|---|
| 10. Nach dieser Stunde bin ich eigentlich optimistischer, was die Lösung meiner Probleme angeht | | | | | | |
| 11. Unser Gespräch war so intensiv, daß ich mich jetzt erschöpft fühle | | | | | | |
| 12. Heute sind wir irgendwie weitergekommen | | | | | | |
| 13. Nach diesem Gespräch fühle ich mich belasteter als in den Stunden vor dem Gespräch | | | | | | |
| 14. Ich habe durch dieses Gespräch mehr Vertrauen zu mir selbst gewonnen | | | | | | |

## Einschätzungsbogen des Psychotherapeutenverhaltens durch den Klienten

Code ______________________ Name ______________________

Insgesamt ______tes psychotherapeutisches Gespräch am ______________19____

Name des Psychotherapeuten ______________________

Bitte beurteilen Sie die folgenden Fragen zum heutigen psychotherapeutischen Gespräch – möglichst noch heute

| | ja, sehr | ja, etwas | nein | nein, sehr |
|---|---|---|---|---|
| 1. Therapeut war freundlich und voller Wärme zu mir | | | | |
| 2. In unserer Beziehung war zuviel Abstand und Distanz | | | | |
| 3. Therapeut behandelte mich mit Achtung und respektierte mich als Person | | | | |
| 4. Therapeut verstand, was ich meinte und fühlte | | | | |
| 5. Ich fühlte, daß der Therapeut eine Rolle vor mir spielte | | | | |
| 6. Therapeut war passiv und bemühte sich nicht genug | | | | |
| 7. Ich fühlte, daß der Therapeut mich nicht anerkennt und meine ganze Art nicht billigt | | | | |
| 8. Mit der Art, wie der Therapeut meine Probleme betrachtete und auf sie reagierte, war ich zufrieden | | | | |
| 9. Die Gefühle des Therapeuten mir gegenüber waren gleichbleibend, gleich was ich sagte | | | | |

| | ja, sehr | ja, etwas | nein | nein, sehr |
|---|---|---|---|---|
| 10. Seine eigene Haltung zu den Dingen, die ich sagte oder tat, hinderte den Therapeuten daran, mich zu verstehen | | | | |
| 11. Therapeut verstellte sich nicht in seinen Gefühlen | | | | |
| 12. Was ich auch von mir erzählte, die Gefühle des Therapeuten mir gegenüber änderten sich nicht | | | | |
| 13. Therapeut reagierte auf mich so berufsmäßig und schablonenhaft, daß ich nicht wirklich zu ihm durchdrang | | | | |

*II. TEIL*

# Weitere wichtige Wege zum helfenden Gespräch

## Vorbemerkungen zu den Lerninhalten und Lernmethoden des II. Teils

### *Zu den Lerninhalten*

Während der I. Teil dieses Lehrbuchs Voraussetzungen und Basisverhalten der Gesprächspsychotherapie darstellt, bringt der II. Teil einige allgemeine Ergänzungen sowie spezielle Erweiterungen. Im Rahmen der Gesprächspsychotherapie werden einige wichtige Ergebnisse aus Kommunikationspsychologie und Tiefenpsychologie genannt (einen ersten Überblick bietet das Inhaltsverzeichnis). Außerdem ist von der Bewältigung schwieriger Gesprächssituationen zu reden: Wie reagiert der Therapeut, wenn Fragen gestellt werden oder wenn Gesprächspausen entstehen, wie ist das einzelne Gespräch anzufangen und abzuschließen?

Die Kapitel des II. Teils sind kurz gefaßt, bieten also wichtige Denkanstöße und keine perfekte Darstellung. Der Lernstoff gliedert sich in klar abgegrenzte, selbständige Einheiten, die leicht zu überschauen und zu bearbeiten sind.

Im Rahmen des II. Teils können einige bedeutsame Themenkreise nicht angesprochen werden, — das Lernprogramm als Ganzes ist auf Ergänzung hin angelegt. Wer als Lehrender und Lernender mit diesem Buch arbeitet, wird aufmerksam auf Lücken achten und versuchen, sie durch eigene Initiative zu schließen.

### *Zu den Lernmethoden*

Wie der Lernstoff des II. Teils zu bearbeiten und einzuüben ist, wird in den einzelnen Kapiteln dargestellt. Weitere wichtige Hinweise befinden sich in dem Anfangskapitel dieses Buches (»Einführung in das Lernprogramm«) unter der Überschrift »Lernmethoden«; besonders wichtig ist, daß regelmäßig ein Feedback durchgeführt wird (vgl. die zwei »Einschätzungsskalen zum Lern- und Gruppenprozeß«).
Über diese Hinweise hinaus werden zu (fast) allen Kapiteln des II. Teils folgende Aufgabenstellungen empfohlen:

a) Machen Sie eine »Gezielte Momentaufnahme zur eigenen Person« (vgl. Kap. 3: »Von Selbstwahrnehmung und Selbstkontrolle«, Praktische Übung Nr. 1). Auf diese Weise kann Ihnen deutlich werden, wie Sie emotional und rational zum Lernstoff stehen und wie Sie mit ihm fertig werden.
b) Suchen Sie zu den einzelnen Lernzielen praktische Beispiele aus Ihrem eigenen Erleben. Auf diese Weise wird der Lernstoff mit Ihrer persönlichen Erfahrung konfrontiert.
c) Wenn Sie in einer Lerngruppe über den Lernstoff der einzelnen Kapitel sprechen, verhalten Sie sich weitmöglichst nach den Grundregeln der Gesprächspsychotherapie, die im I. Teil dieses Buches dargestellt sind. Auf diese Weise verschaffen Sie sich und der Gruppe ein günstiges Gesprächsklima; außerdem kommt es zu einer vertiefenden Einübung in Gesprächspsychotherapie.
d) Soweit Sie innerhalb einer Lerngruppe arbeiten, beachten Sie bitte durchgängig die Regeln der »Themenzentrierten Interaktion« (TZI), die *Ruth Cohn* entwickelt hat (siehe Anfang dieses Buches, Einführung in das Lernprogramm, Methoden der Gruppenarbeit). Wenn Sie Schwierigkeiten und Widerstände gegenüber einzelnen Regeln der TZI spüren, teilen Sie es Ihrer Gruppe mit.

## 12. Gesprächsanfang

*Vorübung*

Ehe Sie dieses Kapitel lesen, überlegen Sie bitte folgende Fragen:

a) Welche Gedanken und Gefühle allgemeiner Art können sich beim Therapeuten zu Beginn eines Gesprächs einstellen?
b) Welche Gefühle und Gedanken haben Klienten häufig am Anfang eines Gesprächs?
c) Wie läßt sich erreichen, daß ein Gespräch einen guten Start hat?

### 12.1. Thesen zum Gesprächsanfang

Sowohl für den Therapeuten als auch für den Klienten ist es nicht einfach, den Kontakt zum Gesprächspartner und zu einer bestimmten Thematik aufzunehmen. Insofern hängt von den ersten Sekunden und Minuten eines Gesprächs viel ab. Bitte prüfen Sie folgende Thesen zum Gesprächsanfang:

a) Der Therapeut wartet ab, ob der Klient das Gespräch eröffnet. Der Therapeut ist offen für alle verbalen und nonverbalen Äußerungen, die ein Klient machen kann. Dieses Offensein bedeutet konkret, daß man mit großer Aufmerksamkeit und Konzentration zuhört und zusieht, gleichzeitig aber Ruhe und Geduld ausstrahlt (kein Drängen, keine Neugier).
b) Wenn der Klient nicht von sich aus den Anfang macht, kann der Therapeut ein offenes Angebot zum Reden machen. Beispiele: »Es steht Ihnen frei, womit Sie das Gespräch beginnen«, »Wir haben (fast) eine Stunde Zeit: Sie können alles erzählen, was Sie wollen.« Eine gezielte Frage würde den Klienten leicht in die Enge treiben oder gar manipulieren, eine direkte Aufforderung zum Reden kann ihn überfordern.
c) Nachdem der Klient angefangen hat zu sprechen, versucht der Therapeut relativ häufig, die Gefühle und Erlebnisse des Klienten zu verbalisieren. Auf diese Weise spürt der Klient, daß er verstanden und akzeptiert wird, daß er sich weiter öffnen und explorieren kann, daß sich der Therapeut engagiert mit aktivem Bemühen und Suchen.
d) Der Therapeut achtet aufmerksam auf die ersten Sätze des Klienten, auch auf seine ersten nonverbalen Äußerungen: Oft drückt sich darin die Grundstruktur und das Grundproblem des Klienten aus. Genau so sorgsam achtet der Therapeut auf die ersten Gedanken und Gefühle, die der Klient bei ihm auslöst.

e) Ausgehend von der Tatsache, daß Klient und Therapeut mit bestimmten Erwartungen in das erste Gespräch hineingehen, achtet der Therapeut beständig auf die Doppelfrage: »Was will der Klient? Was will ich?«
f) Hat der Therapeut das Gespräch veranlaßt oder muß er einem bestimmten Dienstauftrag nachkommen, spricht er klar aus, worum es ihm geht, und erkundigt sich anschließend, was der Klient dazu meint und was der Klient eigentlich will.

*Ergänzung:*

## 12.2. Praktische Übung zu schwierigen Anfangssituationen

Bitte überlegen Sie, wie Sie sich in folgenden Situationen optimal verhalten können (bitte erwägen Sie vor allem Antworten nach der spiegelnden Methode!):

a) Der Klient startet mit einem Redeschwall, mit einer Fülle von Informationen, Erlebnissen, Gedanken und Gefühlen. Er spricht sozusagen »ohne Punkt und Komma«.
b) Der Klient möchte, nach wenigen informativen Aussagen, vom Therapeuten eine Meinung, einen Rat (vgl. dazu das Kapitel »Fragen des Klienten an den Therapeuten«).
c) Der Klient findet keinen Zugang zum Sprechen, er schweigt (vgl. dazu das Kapitel »Gesprächspausen«).
d) Der Klient beginnt das Gespräch mit Redewendungen wie:

- »Ich weiß nicht, wie ich anfangen soll«.
- »Ich habe ein ganz ausgefallenes Problem.«
- »Ich bin völlig durcheinander, völlig fertig mit den Nerven.«
- »Ich glaube nicht, daß Sie mir helfen können.«
- »Ich habe große Hemmungen gegenüber einem Therapeuten (Seelsorger, Sozialarbeiter).«
- »Ich würde eigentlich lieber mit einer Frau (einem Mann) sprechen.«
- »Ich hatte Sie mir eigentlich älter (jünger) vorgestellt.«
- »Sind Sie verheiratet?«, »Haben Sie auch Kinder?«
- »Sie erinnern mich an eine bestimmte Person (Vater, Mutter, Lehrer, Freund etc.).«

*Ergänzung:*

# 13. Gesprächsabschluß

## 13.1. Lernimpuls

Um ein Gespräch sinnvoll und fruchtbar abzuschließen, muß der Therapeut die Motivationen überschauen, die ihn und den Klienten zum Abschluß veranlassen können. Ebenso bedeutsam ist die Frage: Welche Motivationen können im Klienten und im Therapeuten den Wunsch wecken, das Gespräch noch nicht zu beenden?

## 13.2. Thesen zum Gesprächsabschluß

Den *Therapeuten* können folgende Gründe motivieren:

a) Er macht die Erfahrung, daß nach etwa 60 Minuten die Leistungsfähigkeit auf beiden Seiten abnimmt und die Gefahr besteht, daß gewonnene Einsichten wieder verloren gehen: Gefahr der Überforderung und Überfütterung.
b) Er hat gegenüber dem Klienten und/oder dem Gesprächsthema starke Gefühle von Desinteresse oder Antipathie, die er momentan nicht in den Griff bekommt.
c) Er braucht Zeit und Ruhe, um das aktuelle Thema intellektuell und emotional zu verarbeiten.
d) Er muß sich anderen Pflichten widmen (ein anderer Klient wartet).

*Ergänzung:*

Den *Klienten* können folgende Gründe motivieren:

a) Er ist mit dem Gespräch und seinen Ergebnissen zufrieden und wird langsam müde.
b) Er ist mit sich selber und/oder dem Therapeuten unzufrieden und hat deshalb Gefühle der Wut oder der Resignation.
c) Er kann im Augenblick nicht zu weiteren Ergebnissen finden, weil er Angst vor weiterführenden Konsequenzen hat.

*Ergänzung:*

Der *Therapeut* hat manchmal den Wunsch, länger als 60 Minuten (mit einem Klienten) zu sprechen. Gründe könnten sein:

a) Er erkennt deutlich, daß dieser Klient am heutigen Tag ausnahmsweise etwas mehr Zeit braucht.

b) Er meint, sein eigenes Versagen oder die Unzufriedenheit des Klienten nicht ertragen zu können und unbedingt noch einige Schritte weiterkommen zu müssen.
c) Er empfindet dem aktuellen Gesprächsthema und dem Klienten zu viel Interesse und Sympathie und verfällt deshalb in eine therapeutisch fragwürdiges Weiteragieren.
d) Es fällt ihm (prinzipiell) schwer, eine (Zeit-)Grenze einzuhalten, nein zu sagen, dem Gesprächspartner etwas zuzumuten, den anderen zu enttäuschen und mit dieser Enttäuschung umzugehen.

*Ergänzung:*

Der *Klient* hat manchmal den Wunsch, länger als 60 Minuten beim Therapeuten zu sein. Dafür gibt es verschiedene Gründe:

a) Er möchte ein angesprochenes Problem vollends zu Ende führen und glaubt, daß er dazu nur noch wenig Zeit braucht.
b) Er meint, daß er »alles auf einmal« besprechen kann.
c) Er ist psychisch krank und kann deshalb kein Ende finden.

*Ergänzung:*

### 13.3. Konkretion

a) Der Therapeut überschaut die verschiedenen Gründe, die für und gegen eine »fristgerechte« Beendigung des Gesprächs sprechen, und verbalisiert diese, soweit das nötig erscheint. Dieses Verbalisieren geschieht so, daß es der Klient akzeptieren kann – der Therapeut kann beispielsweise zu Erklärungen und Begründungen greifen (kein Vorwurf, kein autoritäres Abfertigen!) und neue Gesprächstermine anbieten.
b) Zwischen Therapeuten und Klient wird ein klares Arbeitsbündnis (Kontrakt) geschlossen, etwa so: »Ich habe heute 50 (60) Minuten Zeit, um intensiv mit Ihnen zu arbeiten. Sind Sie damit einverstanden?«
c) Der Therapeut kann (in unauffälliger Weise) eine Uhr aufstellen und etwa fünf Minuten vor Gesprächsende auf diese verweisen, z. B. so: »Ich sehe eben, daß wir heute noch fünf Minuten Zeit haben. Was soll da noch zur Sprache kommen?«
d) Wenn ein Klient die Zeit überziehen will, kann der Therapeut klären, was dahinter steht: Drückt sich hier der Konflikt des Klienten aus, oder das Problem der Beziehung zwischen Klient und Therapeut? Der Therapeut kann aber auch das Gespräch beenden mit Aussagen wie: »Nach meiner Meinung

haben wir angestrengt gearbeitet (und Fortschritte erzielt); ich möchte weder Sie noch mich überfordern und deshalb jetzt aufhören. Ich schlage vor, daß wir beide bis zum nächsten Mal überlegen: Was war heute wichtig, und was soll nächstens drankommen?« Oder: »Es ist schwierig, hier aufzuhören; ich kann mit Ihnen einen neuen Termin vereinbaren; ich möchte hier abschließen, weil eine andere Aufgabe (ein anderer Klient) auf mich wartet.«

e) Manchmal ist es sinnvoll, daß der Therapeut zum Abschluß in knappen Worten wichtige Ergebnisse des Gesprächs zusammenfaßt. Das kann dem Klienten die Ablösung erleichtern, birgt allerdings die Gefahr der intellektuellen und emotionalen Verkürzung in sich.

*Ergänzung:*

## 13.4. Praktische Übung

Bitte erproben und erfahren Sie in Rollenspielen, wie Sie unter erschwerten Bedingungen ein Gespräch abschließen. Ein Gruppenmitglied kann in die Rolle eines hysterischen Klienten schlüpfen und immerzu neue Themen auftischen, oder sich sehr depressiv und saugend verhalten ...

## 14. Gesprächspausen

### *Vorübung*

*Allgemeine Aufgabe* (ca. 3 Min.):
Erinnern Sie sich an Gesprächspausen, die Sie als Therapeut (oder als Klient) erlebt haben! Denken Sie sich intensiv in die Situation hinein, die während einer Gesprächspause entsteht! Wie würden Sie reagieren?

*Spezielle Aufgabe* (ca. 10 Min.):
Was fällt Ihnen zu folgenden Fragen ein:
- Was erlebt der Klient, wenn eine Gesprächspause entsteht?
- Wann und warum beendet er eine Pause?
- Was geht im Therapeuten vor, wenn eine Gesprächspause eintritt?
- Warum möchte er eine Pause beenden?
- Warum könnte er warten, bis der Klient die Pause beendet?

Bitte notieren Sie stichworthaltig Ihre Einfälle. Im Anschluß daran lesen Sie die nachstehenden Informationen; Ergänzungen (aufgrund Ihrer Notizen) und Kritik sind auch hier nötig.

### 14.1. Ursachen von Gesprächspausen

*Ursachen in der Person des Klienten:*

a) Er leidet an einer allgemeinen Kontakt- und Redehemmung.
b) Es fehlt ihm allgemein an gedanklicher Klarheit und sprachlicher Ausdruckskraft.
c) Er hat kaum Möglichkeiten zu Leistung und Kooperation.
d) Er leidet unter ungünstigen äußeren Umständen (Zimmereinrichtung, Sitzordnung, Lärmbelästigung usw.).
e) Er hat gewichtige Gedanken und Gefühle, die ihn innerlich weiterbringen, aber er möchte sie momentan nicht aussprechen.
f) Er fühlt, daß die augenblickliche Thematik abgeschlossen ist.
g) Er kommt an einen kritischen (Wende-)Punkt, das Thema wird ihm zu heiß.
h) Er findet keinen Ausweg und resigniert.
i) Er hat Hemmungen, seine Gedanken und Gefühle auszusprechen, weil sie intim oder peinlich sind.
k) Er mißtraut dem Therapeuten (zu Recht oder zu Unrecht) und hat Kritik gegenüber seiner Methode (vgl. die methodischen Fehler, die im Kapitel »Gefahren und Laster der Gesprächsführung« aufgezählt sind).

l) Er hat starke Gefühle der Sympathie für den Therapeuten.
m) Er braucht eine Pause, um Erkenntnisse und Gefühle zu verarbeiten.
n) Er hat einen spontanen Einfall, eine unerwartete Assoziation.
o) Er steuert eine neue Erkenntnis oder ein ganz neues Thema an.
p) Er braucht eine Pause als »Stille vor dem Sturm«, gleich folgt eine emotionale Explosion (Wutausbruch, Tränenausbruch usw.).
q) Er empfindet Widerstand gegenüber dem Therapeuten oder dem Thema.
r) Er fühlt sich alleingelassen (z. B. weil er keine Verbalisierung emotionaler Erlebnisinhalte erfährt).
s) Er ist müde und kann sich momentan nicht konzentrieren.

*Ergänzung:*

*Ursachen in der Person des Therapeuten:*

a) Er paßt sich an das Schweigen des Klienten an, weil dieses fruchtbar erscheint.
b) Er ist müde, gleichgültig, enttäuscht, hilflos, gekränkt, ärgerlich (aggressives Schweigen) usw.
c) Er schweigt aus Gründen der Selbstbehauptung oder Taktik, etwa nach dem Motto: »Wenn ich nichts sage, sage ich nichts Falsches.«

*Ergänzung:*

### 14.2. Fragwürdiger Umgang mit Pausen

Im Umgang mit Gesprächspausen kann es beim *Therapeuten* zu folgenden Fehlhaltungen kommen:

a) Peinlich-unsichere Bewegungen: Beine übereinanderschlagen, Arme kreuzen, zur Zigarette greifen, auf die Uhr schauen, sich unruhig auf dem Stuhl oder im Sessel bewegen, oder unruhig, gelangweilt umherschauen,
b) den Partner direkt anschauen und fixieren (Erwartungs- und Leistungsdruck),
c) in Gedanken abschweifen: Über zurückliegende Gesprächsinhalte nachdenken, um persönliche Dinge kreisen,
d) Pause selber beenden: Ein früheres Gesprächsthema aufgreifen, ein neues Thema anschneiden, Fragen stellen (»Was ich schon lange fragen wollte ...«),
e) unter Zeitdruck stehen, die Pause als unproduktiv verstehen und deshalb aktivistisch und autoritär »weitermachen«,

f) die Ausweglosigkeit der Situation des Klienten und die Macht- und Ratlosigkeit des Therapeuten überspielen, indem man zu irgendeiner Aktivität greift,
g) dem Klienten zeigen, wie erfahren und klug und hilfreich man ist (Machtstreben, Erfolgsdrang),
h) vergleiche das Kapitel über »Gefahren und Laster der Gesprächsführung«.

*Ergänzung*

Im Umgang mit Gesprächspausen kann es beim *Klienten* zu folgenden fragwürdigen oder unfruchtbaren Einstellungen kommen:

a) Er flüchtet in eine Vielrednerei, die therapeutisch wenig einbringt,
b) er verliert und verirrt sich im Schweigen, so daß er keinen neuen Ansatz findet,
c) er erwartet (prinzipiell), daß der Therapeut die Pause beendet und dem Gespräch eine sinnvolle Richtung gibt.

*Ergänzung:*

### 14.3. Hilfreicher Umgang mit Pausen

a) Sich in die Situation des Klienten versetzen, seinen inneren Bezugsrahmen aufsuchen: Was geht in ihm vor? Wo steht er? Wohin will er? Wie fühlt er sich in diesem Augenblick?
b) Den inneren Bezugsrahmen des Klienten (mehr allgemein oder mehr spezifisch-konkret) verbalisieren:
   - »Ich versuche mir vorzustellen, wie Sie diese Pause erleben.«
   - »Ich weiß nicht genau, ob Sie diese Pause eher störend oder eher angenehm empfinden, was da in Ihnen vorgeht.«
   - »Ich habe das Gefühl, diese Pause sei hilfreich und schöpferisch, verstehe ich Sie so richtig?«
   - »Wenn ich Sie recht verstehe, erleben Sie diese Pause bedrückend oder sind irgendwie unzufrieden.«
   - »Ich frage mich, ob es einen Zusammenhang gibt zwischen unserem aktuellen Gesprächsthema und der Pause, die jetzt eingetreten ist.«
c) Sich an die Gründe erinnern, die den Klienten zu einer Pause veranlassen können.
d) Sich bewußt machen, was man als Therapeut während der Gesprächspause empfindet (Geduld oder Unruhe, Gleichgültigkeit oder aktives Bemühen).
e) Ruhe ausstrahlen, indem man keine auffälligen Bewegungen macht, ruhig sitzt und ruhig blickt.

f) Geduldig warten, bis der Klient sein Thema findet und dort weitermacht, wo er gerade steht.
g) Kurz erklären, daß Pausen zur Therapie gehören und nicht krampfhaft überwunden werden müssen. Zwei Beispiele:
»Ich kann mir denken, daß Sie in der Pause Ähnliches erleben wie jener Schwarzafrikaner, der erstmals in einem Auto mitfuhr. Nach zwei Kilometern ließ er halten, stieg aus und setzte sich an den Straßenrand. Er sagte: ›Ich muß warten, bis meine Seele nachkommt‹.«
»Ich sehe nicht klar, wie Sie diese Pause erleben. Ich empfinde sie nicht als unangenehm und bin gerne mit Ihnen zusammen, auch wenn wir nicht reden.«
h) Die Dauer von Gesprächspausen nicht so stark ausdehnen, daß im Klienten ein Übermaß an Druck und Angst entsteht.

*Ergänzung:*

### 14.4. Praktische Übungen

*Übung 1*

Bitte führen Sie einige Rollenspiele durch, in denen es seitens des Klienten zu häufigen und langen Pausen kommt. Greifen Sie im Rollenspiel nach Möglichkeit auf Ernst-Situationen zurück, die Sie selber erlebt haben (als Therapeut oder als Klient).

*Übung 2*

Bitte suchen Sie therapeutische Antworten zu folgenden »Klientenäußerungen«:
a) Klient verfällt in Schweigen, schaut betreten auf seine Fußspitzen, macht ungezielte, unruhige Bewegungen, kratzt sich an der Nase, zündet sich eine Zigarette an, schaut auf die Uhr.
b) Klient schweigt, sitzt einigermaßen entspannt da, schaut lange auf einen Fleck.
c) Klient sieht den Therapeuten fragend und hilflos an, während er schweigt.
d) Klient schweigt und fängt schließlich an zu weinen.
e) Eine 30jährige Ehefrau klagt und schimpft 30 Minuten lang über ihren Mann, bricht dann plötzlich ab und schweigt bereits drei Minuten lang.
f) Eine junge Stenotypistin kommt unter Aufbietung all ihrer Kraft in die Sprechstunde, macht mit stockender Stimme einen Anfang, zieht dann einen Zettel aus der Handtasche und liest ab, was sie sagen will. Danach versinkt sie in Schweigen.

*Übung 3*

Über Tonband oder Video-Recorder wird ein Gespräch vorgeführt, in dem es (immer wieder) zu längeren Pausen kommt: Wie wäre angemessen zu reagieren?

## 15. Fragen des Klienten an den Therapeuten

### *Vorübung*

Nachstehend finden Sie drei Aussagen eines 22jährigen Studenten, die er ganz am Anfang eines Beratungsgesprächs vorbrachte. Bitte schreiben Sie auf ein Blatt Papier, wie Sie spontan darauf antworten würden. Sofern Sie in einer Arbeitsgruppe lernen, kann ein Gruppenmitglied diese Klientenäußerungen sprechen, ein anderes Mitglied (es können auch mehrere nacheinander sein) gibt darauf eine helfende Antwort. Das Kurzgespräch wird auf Tonband aufgenommen und anschließend von der Gruppe kurz analysiert. Eine zweite gemeinsame Analyse erfolgt, nachdem die Informationen dieses Kapitels gelesen und diskutiert sind.

Kl. 1: *Wenn meine Freundin und ich auf den Geschlechtsverkehr verzichten, werden wir von Kirche und Gesellschaft gelobt und haben ein gutes Gewissen, aber es fehlt uns viel: Die körperlich-sexuelle Liebe führt ein kümmerliches Schattendasein und hinkt hinter den geistigen und seelischen Beziehungen und Bindungen her. Nehmen wir aber schon jetzt die sexuelle Liebe ganz herein, so stellt sich trotz der Schönheit des Erlebens so etwas wie Isolierung und Schuld ein. Können Sie uns einen Rat geben?*

Th. 1: ...

Kl. 2: *Müssen wir im Blick auf den vorehelichen Geschlechtsverkehr ebenso handeln, wie die Allgemeinheit es fordert, oder dürfen wir nach einem individuellen Gesetz leben? Aber müßten wir dann nicht zugeben: Was für uns recht ist, ist auch für andere recht und billig?*

Th. 2: ...

Kl. 3: *Hätten meine Freundin und ich Geld zum Heiraten, Geld für Wohnungsmiete und Einrichtungsgegenstände usw., würden wir sofort zum Standesamt gehen, und dann wäre die Frage des vorehelichen Geschlechtsverkehrs gelöst. Ist das nicht irrsinnig und paradox: Weil wir kein Geld haben, dürfen wir keinen Geschlechtsverkehr haben? Unsere Eltern lehnen den Intimverkehr vor der Ehe ab, tun aber so gut wie nichts dafür, daß wir heiraten können. Sie machen's sich selber sehr leicht und uns sehr schwer. Was würden Sie in dieser Lage tun?*

Th. 3: ...

## 15.1. Lernimpuls

Häufig stellen Klienten direkte Fragen an den Therapeuten (Seelsorger, Berater), wollen seine Meinung und seinen Rat hören. Beliebt sind Fragestellungen wie: »Was soll ich tun?«, »Was raten Sie mir?«, »Was meinen Sie zu diesem Thema?«, »Was würden Sie in meiner Lage tun?«, »Wie finde ich die rechte Entscheidung?«, »Warum ist das alles so gekommen?«, »Wie komme ich aus diesem Konflikt heraus?«

Für das helfende und heilende Gespräch sind die Fragen des Klienten an den Therapeuten eine Klippe: Oft wird der Therapeut die (exakte) Antwort nicht kennen; falls er die Antwort weiß, ist es fraglich, ob sie vom Klienten verstanden und angenommen werden kann, wenn sie einfach direkt ausgesprochen wird. Wie kann der Therapeut methodisch exakt und hilfreich mit den Fragen des Klienten umgehen?

These 1: In der Regel ist es fragwürdig und gefährlich, wenn der Therapeut auf Klientenfragen (spontan) eine direkte Antwort gibt.

These 2: In der Regel ist es fruchtbar und hilfreich, wenn der Therapeut die Frage des Klienten in angemessener Form an den Fragesteller zurückgibt: Die Frage wird im Sinne der spiegelnden Methode zurückgespiegelt (Verwendung von Synonymen und Antonymen, Verbalisierung der mit der Frage verknüpften Gefühle und Wünsche), dazu kommt das Annehmen des Klienten sowie die Echtheit des Therapeuten (vgl. die Kapitel 7, 8 und 9).

## 15.2. Begründung

*Zu These 1:*

Begründungen ergeben sich, wenn man folgende Fragestellungen bedenkt:

a) Ist eine direkte Antwort des Therapeuten frei von subjektiver Eigenart? Kann die subjektive und individuelle Antwort des Therapeuten dem Klienten helfen, der ebenfalls ein subjektives, individuelles und originales Geschöpf ist?
b) Kann der Therapeut eine Frage des Klienten exakt und hilfreich beantworten, ohne den Kontext der Frage und die höchst individuelle Struktur des Fragenden genau zu kennen? Kennt der Klient sich selber und seine Frage eventuell genauer als der Therapeut?
c) Hat der Klient für sich selber keine Vorüberlegungen angestellt und einige mögliche Antworten selber gefunden? Was geschieht, wenn der Therapeut dieses Material übersieht und einfach direkt antwortet?
d) Hat der Klient Ängste vor einer Entscheidung und deren Folgen, also Angst vor eigener Verantwortung? Werden diese Ängste in der Tiefe beseitigt und

kann der Klient die Folgen einer Entscheidung ohne weiteres auf sich nehmen, wenn der Therapeut eine direkte Antwort liefert?

e) Will der Klient eine direkte und ihn dirigierende Antwort? Will er sich in die Rolle des »Kindes« begeben, das die autoritäre Antwort des »Vaters« braucht? Will der Therapeut die Rolle des »allwissenden Vaters« übernehmen, den man ständig fragen kann und der die Hauptverantwortung übernimmt?

*Ergänzung:*

Zu These 2:

Die Frage an den Klienten zurückzugeben, ist sinnvoll und fruchtbar,

a) weil der Therapeut das eigenständige Nachdenken, Suchen und Finden des Klienten fördern muß und ein Abhängigwerden des Klienten verhindern will (Beispiel: Ein guter Lehrer rechnet nicht für den Schüler aus, was 17 × 18 ist, sondern zeigt dem Schüler, wie er das selber ausrechnen kann).
b) weil der Klient seine Möglichkeiten (Stärken und Schwächen) oft genauer kennt als der Therapeut,
c) weil der Therapeut in der Regel überfordert ist, sollte er eine exakte und individuell zugeschnittene Antwort geben,
d) weil dem Klienten die Entscheidung und die Verantwortlichkeit nicht abgenommen werden kann, – würde der Therapeut die Verantwortung übernehmen, wäre er automatisch für alle Konsequenzen verantwortlich,
e) weil der Therapeut die »Gefahren und Laster der Gesprächsführung« (vgl. Kapitel 2!) vermeiden möchte, so zum Beispiel das Dirigieren, Dogmatisieren, Generalisieren, Moralisieren, Rationalisieren, Projizieren usw.

*Ergänzung:*

## 15.3 Konkretion

a) Ein fruchtbarer Umgang mit Klientenfragen im Sinne der oben angeführten These 2 kann in der Praxis so aussehen, daß der Therapeut dem Fragesteller etwa antwortet:
   (a) »Sie haben sich sicherlich schon selber Gedanken gemacht, selber einige Antworten erwogen.«
   (b) »Ich erlebe Ihre Frage wie die Spitze eines Eisberges: Weiter unten stehen vielerlei andere Fragen, bestimmte Erlebnisse und Gefühle.«
   »Mich interessiert sehr, was Ihnen diese Frage bedeutet, aus welchem Boden (Kontext) sie herauswächst.«

»Ja, hm«. Therapeut schweigt zunächst. Sofern der Klient nicht von sich aus weiterspricht, kann gesagt werden: »Ich möchte Sie noch besser verstehen, wollen Sie diese Frage noch mehr entfalten.«

(c) »Ich finde es wichtig zu klären, welche Gefühle Sie angesichts dieser Frage haben.«
»Diese Frage macht Sie ziemlich unruhig, geht Ihnen sehr zu Herzen.«
»Angesichts dieser Frage fühlen Sie sich unsicher, vielleicht auch unmündig wie ein Kind, haben Angst vor der Verantwortung. Ich kann verstehen, daß Sie Sicherheit und Entlastung suchen.«

(d) »Sie haben das Gefühl, daß Sie da verschiedene Möglichkeiten haben: Einerseits ..., andererseits ...«.
»Ich frage mich, ob Sie zu einer bestimmten Antwort neigen, ob sich die Waagschale nach einer bestimmten Seite neigt.«

(e) »Mich beschäftigt, ob Sie eine bestimmte Antwort von mir erwarten.«

(f) »Vielleicht können wir gemeinsam nach der für Sie gültigen Antwort suchen.«

*Ergänzung:*

b) Was geschieht, wenn die Frage des Klienten zurückgespiegelt wird, gepaart mit emotionaler Wärme und aktivem Bemühen, aber der Klient geht nicht darauf ein? Manche Klienten haben die feste Erwartung, daß der Therapeut die Antwort weiß und ausspricht. Sie sind überrascht oder sogar enttäuscht, wenn das nicht geschieht. In dieser Lage kann der Therapeut kurz erklären, warum er eine direkte und schnelle Antwort nicht geben kann und nicht geben darf (siehe obige Begründungen). Das mag den Klienten belasten, aber eine wesentlich größere Belastung kann es werden, wenn der Klient eine vorschnelle und oberflächliche, eine nicht »maßgeschneiderte« Antwort erhält (oft merkt der Klient erst später, daß ihm die Antwort des Therapeuten nicht angemessen ist und also nicht hilft). Sehr bedeutsam ist die Frage, ob der Therapeut die innere Spannkraft hat, vor dem Klienten und vor sich selber zuzugeben, daß er zu einer direkten Antwort nicht autorisiert ist; groß ist die Versuchung, mit therapeutischem Wissen oder mit »Lebenserfahrung« glänzen zu wollen.

c) Was kann geschehen, wenn der Klient auf seinen Fragen beharrt und vom Therapeuten unbedingt eine direkte Antwort möchte? Zunächst kann der Therapeut dieses Bedürfnis des Klienten spiegeln. Besteht der Klient immer noch auf einer Antwort, ergeben sich zwei Möglichkeiten:

(a) Der Therapeut versucht, im Sinne eines Angebots eine (vorläufige) Antwort zu geben. Das kann in der Praxis so aussehen:

Der Therapeut bietet verschiedene Antworten an und überläßt es dem Klienten, herauszufinden, was für ihn gültig ist.
Der Therapeut wagt eine Antwort, schließt sie aber mit einer Frage ab, etwa so: »Ich möchte auf Ihre direkte Frage folgende Antwort wagen: ... Ich frage mich, ob diese Antwort zu Ihnen paßt (Wo hilft Ihnen diese Antwort, wo hilft sie nicht? Haben Sie eine andere Ansicht?).«
Möglich erscheint auch folgende Therapeutenäußerung: »Ich versuche eine Antwort zu geben, aber bleiben Sie bitte kritisch, denn meine Antwort muß nicht Ihre Antwort sein. Ich möchte Ihnen so antworten: ...«.

(b) Der Therapeut mutet dem Klienten und sich selber zu, daß (im Augenblick) keine Antwort und Lösung zu finden ist. Bedeutsam erscheint, diese oft bittere und harte Aussage in eine Form zu kleiden, die der Fragesteller akzeptieren kann (nicht kalt, unbeteiligt oder gar aggressiv formulieren!), etwa so:
»Ich leide ebenso wie Sie darunter, daß wir (im Augenblick) keine lösende Antwort finden.«
»Es fällt mir ähnlich wie Ihnen schwer, daß wir (momentan) keine Antwort finden können.«
»Es tut mir leid, ich bin hier (im Augenblick) überfragt. Was können wir jetzt tun?« An diese offene Frage können sich unter Umständen folgende anregende Fragen anschließen:
»Können Sie sich vorstellen, daß jemand anderes die lösende Antwort weiß?«
»Ist es so, daß Ihre Fragen vielleicht erst im Lauf der Zeit zu beantworten sind?«
»Können wir gemeinsam einen Weg finden, daß Sie mit dieser ungelösten (und vielleicht unlösbaren Frage leben können?«

*Ergänzung:*

## 15.4. Praktische Übungen

Sie finden fünf Klientenäußerungen, die alle in eine Frage an den Therapeuten einmünden. Anhand dieser Klientenäußerungen können Sie sich folgende Aufgaben stellen:

a) Sie nehmen sich viel Zeit und suchen eine möglichst hilfreiche Antwort: Diese schreiben Sie auf ein Blatt Papier. Übungsvariante: Sie haben nur kurze Zeit zum Überlegen und notieren also spontan eine therapeutische Antwort. – Nach Möglichkeit analysieren Sie Ihre Antwort gemeinsam mit einem Supervisor oder einer Arbeitsgruppe.

b) Innerhalb einer Arbeitsgruppe wird ein Rollenspiel durchgeführt, das mit einer der unten angeführten Klientenäußerung beginnt und dann in freier Form weitergeführt wird. (Natürlich kann der Schauspieler-Klient auch ein Thema aus seinem eigenen Leben aufnehmen, sofern er dazu einige echte Fragen hat.) Nach Möglichkeit soll die Klientenrolle so gespielt werden, daß der Therapeut sich vielen Fragen ausgesetzt sieht. Die Therapeutenrolle sollte einigemale so durchgeführt werden, daß auf direkte Antworten (weithin) verzichtet wird. Es kann aber auch lehrreich sein, wenn die Rolle einigemale so gespielt wird, daß man dem Klienten Antworten und Lösungen gibt: Welche Auswirkungen hat das? Das Rollenspiel soll nicht lange dauern, damit es überschaubar bleibt und weil viele Gruppenmitglieder zum Üben kommen sollen. Es wird auf Tonband aufgenommen und dann gemeinsam analysiert.

Klient A (18 Jahre, Banklehrling): *Muß ich mir mit 18 Jahren alles genau vorschreiben lassen? Mein Vater sagt: Ich dulde keine Widerrede und keinen Widerstand! Solange du noch die Beine unter meinen Tisch streckst, hast du zu gehorchen! Widersetze ich mich dieser direkten Drohung, so verliere ich meinen Vater und seine Zuwendungen. Gebe ich aber nach, so verliere ich mich selbst, d. h. mein eigenes Wesen und die Achtung vor mir selbst. Wofür soll ich mich da entscheiden?*

Klientin B (22 Jahre, Musikstudentin): *Auf der einen Seite verdanke ich es der Strenge meiner Eltern, daß ich ausgezeichnet Klavierspielen kann – aber ich denke andererseits mit Schrecken an die Übungsstunden zu Hause: Hätte man mit anderen Methoden nicht ebenso weit kommen können? Meine Geschwister und ich wurden meistens sehr hart angefaßt, unsere Eltern begründeten das mit »Erfahrungen aus der Vergangenheit« und mit »Sorge um die Zukunft der Kinder«. Aber war es nicht oft blanke Herrschsucht und pure Freude an der Machtausübung? War es nicht oft eine Sorge um das eigene Ich und nicht die Sorge um die Kinder? Mein eigenes Verhalten ist unsicher und schwankt von einem zum anderen Extrem: Gegenüber meinen Mitmenschen trete ich entweder autoritär oder extrem antiautoritär auf, wobei beides nicht gut ankommt. Wo liegt die hilfreiche Mitte?*

Klient C (24 Jahre, Drogist): *Ich hatte meiner Freundin versprochen, ihre Angst und Zurückhaltung gegenüber dem Intimverkehr zu respektieren. Trotzdem ist es nun zum Verkehr gekommen. Meine Freundin macht mir nicht viel Vorwürfe, ich mache sie mir hauptsächlich selber. Ich stelle fest: Obwohl ich ziemlich rational veranlagt bin und es ehrlich nicht wollte, habe ich es nun doch gemacht. Obwohl ich das Ich meiner Freundin respektiere und Zwang verabscheue, habe ich doch mein eigenes Ich durchgesetzt und auf Geschlechtsverkehr gedrängt. Wie komme ich aus diesem Dilemma heraus?*

Klientin D (35 Jahre, verheiratet, 2 Kinder): *Mein Mann sagt, daß chemische, mechanische und hormonelle Methoden der Empfängnisverhütung unnatürlich und ungesund seien. Er will den ehelichen Verkehr nur an den empfängnisfreien Tagen pflegen. Von dieser Meinung kann ich ihn einfach nicht abbringen, wie kann ich ihn endlich überzeugen?*

Klientin E (42 Jahre, verheiratet, 3 Kinder): *Mein Mann gibt mir keinen Einblick in sein Leben – von seinem eigentlichen Wesen weiß ich fast nichts. Alle meine Bemühungen um Gespräche schlagen fehl. Wenn ich etwas mitteilen will und hole dabei etwas weiter aus, dann heißt es: »Ich will keinen Vortrag!« Bin ich anderer Meinung als er, bricht er das Gespräch ab mit der Bemerkung: »Ich brauche keinen Streit!« Da ich ohne Aussprache und Ansprache nicht leben kann, möchte ich fragen: Was soll ich tun? Und warum ist mein Mann so, wie er ist?*

## 16. Fragen des Therapeuten an den Klienten

*Vorübung*

Für den Einstieg in die vorliegende Thematik ist es günstig, wenn Sie (allein oder in der Gruppe) kurz folgende Fragestellungen überlegen:

a) In welchem Umfang haben Sie, wenn Sie helfende und heilende Gespräche führen, gewisse Neigungen, an Ihren Gesprächspartner Fragen zu richten?
b) Warum stellen Sie dem Klienten Fragen?
c) In welchen Situationen greifen Sie gerne zu Fragen? Haben Sie »Lieblingsfragen«, die Sie häufig einsetzen (z. B. die Frage nach dem »Warum«)?
d) Wie würden Sie sich wohl als Klient fühlen, wenn Ihr Therapeut Ihnen viele Fragen stellte?

### 16.1 Lernimpuls

Soweit der Therapeut (Seelsorger, Sozialarbeiter, Erzieher) innerhalb des helfenden und heilenden Gesprächs Fragen an den Klienten richtet, geschieht das mit Methode. Der Therapeut weiß: »Fragen können sich ebenso hilfreich wie destruktiv auswirken. Sie können Zeit kosten und Zeit sparen. Sie können die Herstellung der helfenden Beziehung ... beschleunigen oder verhindern« (*Ruth Bang* 1968, 121 ff und *J. Scharfenberg* 1972, 104 ff). Der Therapeut weiß, wie ein fragwürdiges und gefährliches Fragen aussieht und beschränkt sich auf ein fruchtbares Fragen, das den Klienten weiterbringt. Im folgenden Abschnitt wird in thesenhafter Kürze konkret dargestellt, welche Formen des Fragens therapeutisch gefährlich scheinen und wie ein hilfreiches therapeutisches Fragen aussehen kann.

### 16.2. Konkretion

Folgende Formen von Therapeutenfragen sind für den Klienten *gefährlich oder schädlich:*

a) Vielzahl von Fragen. Gefahr:

Die Redefreiheit des Klienten, der freie Fluß seiner Gedanken und Gefühle kann gefährdet werden; der Therapeut dirigiert den Gesprächsverlauf nach eigenem Ermessen. Beim Klienten kann das Gefühl entstehen, daß er einem Kreuzverhör oder einem neugierigen Informationshunger (Sensationslust) ausgesetzt ist. Der Klient kann in Passivität und Unmündigkeit versinken, so daß er darauf verzichtet, sich selber zu erkunden und zu befragen. Außerdem könnte er erwarten, daß der Therapeut eine Gesamtlösung anbietet, nachdem er viele Einzelfragen hat.

b) Direkte Fragen. Gefahr:
Der Klient kann das Gefühl haben, daß er unbedingt antworten muß; er muß etwas tun, was er (noch) nicht kann oder will; er wird unter einen angsterregenden Druck gesetzt.
c) Schwierige Fragen. Gefahr:
Der Klient kan sich überfordert fühlen und wird mutlos.
d) Sehr leichte Fragen. Gefahr:
Im Klienten kann der Eindruck entstehen, er und sein Problem würden verniedlicht und simplifiziert.
e) Doppelfragen. Gefahr:
Wird der Klient mit zwei (oder noch mehr) Fragen auf einmal konfrontiert, kann er verwirrt und überfordert werden werden.
f) Verhörfragen. Gefahr:
Wenn der Klient Mißtrauen und Überführungstendenzen hinter Fragen vermuten muß, zieht er sich zurück oder macht eine Flucht nach vorne und wird aggressiv.
g) Suggestivfragen. Gefahr:
Der Klient wird leicht manipuliert, wenn er gefragt wird: »Meinen Sie nicht auch, daß ...« Auf diese Weise können Antworten unterschoben werden.
h) Alternativfragen. Gefahr:
Die Antwort des Klienten erfährt eine gewisse Vorstrukturierung, wenn er im Sinne eines Entweder-Oder gefragt wird: »Haben Sie mit dem Streit angefangen oder war es Ihre Frau?«
i) Ja-Nein-Fragen. Gefahr:
Erhält der Klient eine Frage, auf die er mit einem einfachen Ja oder Nein antworten kann (»Arbeiten Sie gerne in der neuen Firma?«), so wird er kaum zu eigenem Nachdenken und zu weiteren Aussagen angeregt, – der Therapeut muß weitere Fragen stellen und also die Gesprächsführung übernehmen.
k) Warum-Fragen. Gefahr:
Die Frage nach dem Warum (»Warum haben Sie das getan?«, »Warum ist das alles so gekommen?«) bedeutet für den Klienten leicht eine Überforderung und kann zu einseitig rationalen Erklärungsversuchen sowie zu angstbesetzten Rechtfertigungsversuchen auffordern. Hinter Warum-Fragen steckt oft ein versteckter Vorwurf oder eine Ermahnung. Allerdings können sie auch sinnvoll sein, weil sie sich nach Ursachen erkundigen.
l) Zufallsfragen – Verlegenheitsfragen – Überraschungsfragen. Gefahr:
Diese Art des Fragens ist nicht gezielt und nicht auf den Klienten zentriert. Leicht können solche Fragen entstehen, wenn dem Therapeuten eine Gesprächspause zu lange oder ein Gesprächsthema zu »heiß« erscheint.
*Ergänzung:*

Die Fragen des Therapeuten an den Klienten sind in der Regel *fruchtbar und hilfreich,* wenn sie folgende Formen haben:

a) Allgemeine Grundregeln:
Der Therapeut läßt sich in seinem Fragen von folgenden Gesichtspunkten bestimmen:
Partnerschaft und Toleranz (vgl. Kap. 4),
partnerzentriertes Verhalten (vgl. Kap. 5),
methodisches Zuhören (vgl. Kap. 6),
Annehmen und Wertschätzen (vgl. Kap. 7),
spiegelnde Methode (vgl. Kap. 8),
Annäherung im Anspruchsniveau (vgl. Kap. 19),
Distanz und Nähe (vgl. KapKap. 21),
Strukturierung des Gesprächs (vgl. Kap. 17).
b) Der Therapeut wartet mit seiner Frage ab, bis der Klient an einen Punkt kommt, wo die Frage exakt hereinpaßt. Wenn der Therapeut abwartet, stellt sich der Klient die nötigen Fragen oftmals selber.
c) Der Therapeut stellt nur notwendige Fragen, z. B. unentbehrliche Informationsfragen, Frage nach Gefühlen, Wünschen, Werthaltungen.
d) Der Therapeut macht die Motive seines Fragens durchsichtig und einsichtig: Der Klient soll verstehen, warum er gefragt wird.
e) Der Therapeut formuliert seine Fragen möglichst kurz, konkret und leicht verständlich.
f) Der Therapeut stellt seine Fragen so, daß der Klient frei entscheiden kann, ob und inwieweit er darauf eingeht. Das kann so aussehen, daß der Therapeut an seine Frage den Satz anschließt?:
»Wollen Sie auf diese Frage eingehen?«
»Erscheint Ihnen (in diesem Augenblick) diese Frage wichtig?«
Ehe er eine Frage stellt, kann der Therapeut anmerken:
»Kann es sein, daß die folgende Frage Sie weiterbringt?«
g) Der Therapeut formuliert seine Frage indirekt, weil er weiß, daß eine direkte Frage beim Klienten zu Angst und Rückzug führen kann. Die Frage kann etwa so eingeleitet werden:
»Mich beschäftigt momentan folgende Frage: ...«
»Wenn ich es recht sehe, wollen Sie folgende Fragen lösen: ...«
»Ich frage mich: ...«
h) Der Therapeut stellt seine Frage offen, so daß sie nach verschiedenen Richtungen beantwortet werden kann und sich der Klient in seiner Antwort also frei und umfassend entfalten kann. Beispiele:
»Wollen Sie mir über Ihren Konflikt noch mehr berichten?«

»Es beschäftigt mich, was (jetzt) in Ihnen vorgeht (was Ihnen dazu einfällt).«
»Ich frage mich, was Ihr Gefühl dazu sagt.«

i) Der Therapeut erinnert sich, daß es einem indirekten Fragen nahekommt, wenn er den bisherigen Gesprächsverlauf (ganz oder teilweise) strukturiert (vgl. Kapitel 17: »Strukturierung des Gesprächs«). Er zählt also kurz die wichtigsten Gedanken und Gefühle (Schlüsselsätze!) des Gesprächs auf. Die Strukturierung des Gesprächs kann so eingeleitet werden:
»Darf ich kurz zusammenfassen, wie unser Gespräch bisher verlief?«
»Ist es Ihnen recht, wenn ich versuche, einige wichtige Punkte unseres Gesprächs aufzuzählen?«

k) Der Therapeut greift auf die spiegelnde Methode (vgl. Kap. 8) zurück, denn er weiß: Diese Methode kommt einem indirekten Fragen gleich, weil sie den Klienten zu Selbstbefragung und Selbsterkundung (Selbstexploration) anregt.
*Ergänzung:*

## 16.3. Praktische Übung

Der Lernstoff dieses Kapitels wird anhand von Rollenspielen eingeübt. Genaue Regieanweisungen zum Rollenspiel und seinen verschiedenen Varianten stehen in Kapitel 8, Übung 9.

## 17. Strukturierung des Gesprächs

### 17.1. Lernimpuls

Als Gesprächsleiter (Berater, Seelsorger, Therapeut) versuche ich, die Struktur des Gesprächs (Schwerpunkte, Haupttendenzen, Gefälle) und speziell die Aussagen meines Gesprächspartners mir und ihm deutlich bewußt zu machen. Das Gespräch erhält seine Strukturierung insbesondere durch gefühlsstarke und personnahe Äußerungen des Klienten (vgl. spiegelnde Methode!), durch einzelne Stichwörter (Reizwörter) und Schlüsselsätze oder Hauptfragen, sowie durch Bruchstellen und Pausen im Gesprächsverlauf. Ich habe als Berater die Aufgabe, diese Fakten zu erkennen, sinnvoll zu ordnen und auszusprechen. Eine rekapitulierende Zusammenfassung der Schwerpunkte kann ich an einigen geeigneten Stellen des Gesprächs und zum Abschluß geben.
*Ergänzung:*

### 17.2. Begründung

a) Durch Strukturierung wird die Fülle der Gesprächsinhalte überschaubar und durchsichtig, weil nur die wesentlichen Gesprächselemente aufgenommen werden.
b) Diese werden, indem ich sie wiederholend ausspreche, festgehalten und verstärkt (differentielle Verstärkung).
c) Im Zug der Strukturierung wird geordnet, was zusammengehört. Wenn nötig, können neue Zusammenhänge aufgewiesen und eine Neuanordnung angestrebt werden.
d) Indem ich wichtige Punkte entsprechend der spiegelnden Methode rekapituliere, zeige ich dem Gesprächspartner (und mir selber), ob ich behalten und verstanden habe, was gesagt wurde. Falls ich etwas Wesentliches vergessen habe, kann mich der Partner korrigieren.
e) Die Strukturierung des Gesprächs wirkt sich auf den weiteren Gesprächsverlauf aus: Es kommt beispielsweise zur Verstärkung einzelner Themen, es kann sich zum Beispiel herausstellen, daß einzelne Schwerpunkte nicht zu Ende diskutiert sind.
f) Beim Strukturieren ist (neben Schlüsselwörtern und -sätzen) besonders auf Gefühlsäußerungen (z. B. Angst, Aggression, Scham) zu achten, weil dahinter starke psychische Energien der Tiefenschicht stehen.

g) Auch Bruchstellen und Pausen im Gesprächsverlauf bilden Marksteine der Strukturierung. Pausen deuten unter anderem darauf hin, daß ein Thema abgeschlossen ist oder daß die Kraft fehlt, es zu Ende zu führen. Bruchstellen lassen oft erkennen, daß dem Partner das Thema »zu heiß« wird; öfters veranlaßt aber auch der Gesprächsleiter einen Bruch durch voreiliges oder gar autoritäres Eingreifen.
*Ergänzung:*

### 17.3. Kritische Reflexion

Wer entscheidet darüber, was Stichwörter, Schlüsselsätze und gewichtige Gefühlsmomente sind, was Haupt- und Nebenthema ist? Es besteht die Gefahr, daß ich als Berater oder Seelsorger hier subjektiv entscheide und den Partner manipuliere. Auf jeden Fall werde ich mein Gegenüber fragen, ob es mit meiner Strukturierung einverstanden ist. In manchen Gesprächen gibt es keine (erkennbaren) Stichwörter und Schlüsselsätze, was aber auch eine Schlüsselerkenntnis sein kann.
*Ergänzung:*

### 17.4. Konkretion

a) Falls es Partner und Gesprächssituation erlauben, mache ich mir während des Gesprächs stichwortartige Notizen (siehe nachfolgendes Schema!). Gegenüber vielen Partnern kann man das damit begründen, daß man auf diese Weise exakter zuhören und antworten kann – und daß ja jeder Arzt auch Notizen macht. Innerhalb der Telefonseelsorge ist eine Gesprächsskizze leicht anzufertigen, ohne daß sich der Partner gestört fühlt. In der Briefberatung und brieflichen Seelsorge können Schwerpunkte durch (verschiedenfarbige) Unterstreichungen markiert werden oder durch Erstellung einer Stichwortskizze.
b) Strukturierung gelingt dann, wenn sie kurz ist. Sie soll konkret sein. Sie achtet eher auf emotionale Äußerungen als auf rationale.
c) Ich notiere (auf einem Blatt Papier oder in meinem Gedächtnis) vor allem gefühlsstarke und personnahe (= die Person des Partners direkt betreffende und bedrückende) Äußerungen; diese spiegele ich zurück, wodurch das Gespräch Struktur gewinnt.
d) Ich ziehe Verbindungslinien zwischen den einzelnen Gedanken und Gefühlen, die der Partner im Lauf des Gesprächs äußert, und mache so Zusammenhänge deutlich (oder Widersprüche!).

e) Ich beachte auf jeden Fall alle wesentlichen Gefühle und Äußerungen, die von mir ausgehen, und komme so zu einer Selbstkontrolle und zur Wahrnehmung des Beziehungsgeflechtes der Interaktionen.
f) Für beide Gesprächsteilnehmer ist es leichter, wenn die Hauptlinien schon während des Gesprächs gelegentlich wiederholt werden, andernfalls kommt zu viel Stoff zusammen. In der Regel strukturiere ich am Ende des Gesprächs und fasse dabei die wichtigsten Ergebnisse zusammen.
g) Das Strukturieren innerhalb des Gesprächs darf den Redefluß und Gefühlsstrom des Partners nicht unterbrechen. Ich werde also in Gesprächspausen strukturieren.
h) Für mich persönlich strukturiere ich auf jeden Fall. Ob und wann ich das ausspreche, hängt vom Einzelfall ab. Gesetzlich-schematisches Vorgehen ist zu vermeiden.
i) Sofern mir das Strukturieren schwerfällt, könnte ich zu meinem Partner sagen: »Lassen Sie mir bitte etwas Zeit zum Überlegen!« Oder: »Können Sie mir helfen beim Ordnen und Zusammenfassen des bisherigen Gesprächs?«
j) Um auf den Klienten zentriert zu sein und ihn zu aktivieren, werde ich ihn um Mithilfe beim Strukturieren bitten. Zumindest werde ich den Partner fragen, ob er sich selber wiederfindet in dem, was ich bringe. Als Redewendung bietet sich an: »Habe ich Sie so richtig verstanden?« »Bitte korrigieren Sie mich nötigenfalls!«
k) Wie eine Strukturierung aussehen und was sie leisten kann, vermag ein konkretes Beispiel zu zeigen. In einem Brief fragt ein junger Mann, ob er Lehrer werden soll oder nicht. Der Antwortbrief lautet:

> Sehr geehrter Herr H ...,
> nachdem Sie das Abitur bestanden haben, fragen Sie mich, welchen Beruf Sie ergreifen sollen. Zuerst bekam ich Angst vor der Verantwortung, die Sie mir damit zuschieben. Inzwischen habe ich Ihren langen Brief mehrere Male gelesen und überschlafen und meine nun doch, eine klare und konkrete Antwort geben zu können, – was allerdings nicht bedeutet, daß Sie mir kritiklos zustimmen sollen.
>
> Verstreut und versteckt in Ihrem langen Brief fand ich nämlich recht viele Aussagen, die alle in die gleiche Richtung weisen. Ich tue nun nichts anderes, als diese verstreuten Aussagen zusammenzustellen. Wenn Sie sie im Zusammenhang lesen, werden Sie sich klar, welchen Beruf Sie ergreifen. Ich zitiere aus Ihrem Brief: »Die ganzen psychologischen Tests,

die wir in der Schule machen mußten, ergaben, ich solle Sprachen studieren ... Der Berufsberater des Arbeitsamtes sagte, daß Lehrer Mangelware seien und relativ gut bezahlt werden ... Das Philologiestudium würde mich reizen ... Zwei befreundete Pädagogen meinten, ich hätte ausgesprochen gute erzieherische Fähigkeiten ... In der Jugendgruppe, die ich seit zwei Jahren leite, habe ich praktisch erlebt, daß ich bei jungen Menschen ankomme und gewisse Erfolge habe ... Im Grunde wäre ich dem Lehrerberuf gar nicht so abgeneigt ... Wichtig ist mir vor allem, daß ich anderen Menschen nütze – das Geldverdienen tritt demgegenüber in den Hintergrund.«

Weisen diese Sätze alle in dieselbe Richtung? Werden Sie dadurch bestärkt und ermutigt, Lehrer zu werden? Da Sie pädagogisch interessiert sind, möchte ich Ihnen kurz mitteilen, wie man erreichen kann, daß jemand in seiner Meinung sicher und in seinem Verhalten bestärkt wird: Man nimmt entscheidende Meinungs- und Gefühlsäußerungen auf, man wiederholt und ordnet sie; auf diese Weise entsteht aus vereinzelten und verstreuten Mosaikbausteinen ein geschlossenes und klares Bild.

Diese pädagogische Methode hat allerdings eine Gefahr: Allzuleicht nimmt man nur die Mosaikbausteine auf, die zusammenpassen, und alles andere läßt man stillschweigend unter den Tisch fallen. Ich gestehe offen, daß ich bisher nach diesem Schema vorging. Ich möchte mein Verfahren korrigieren, indem ich jetzt noch die Punkte aufzähle, die gegen den Lehrerberuf sprechen: Sie fürchten, dieser Beruf würde Sie »nicht ausfüllen« und »nicht recht befriedigen«. Ich frage mich: Müßten Sie das eventuell von jedem Beruf sagen? Müssen Sie vielleicht in jedem Fall einen Kompromiß schließen zwischen dem, was Ihnen Befriedigung und Nutzen bringt, und dem, was anderen Menschen nützt und hilft? Haben Sie die Möglichkeit, sich außerhalb des Berufs ebenfalls Befriedigung und Erfüllung zu suchen?

Sie fürchten, daß der Schulbetrieb »eine Massenabfertigung« sei, Sie also »nicht auf den einzelnen Menschen eingehen können«. Ich teile diese Befürchtung, vertrete aber gleichzeitig die Meinung: Es gibt Lehrer, die gegen den Strom und gegen die Masse ankämpfen und sich trotz allem

Zeit nehmen für den einzelnen Menschen. Ob Sie zu diesen Menschen gehören?

Ich schließe mit der Bitte, daß Sie meine strukturierende Antwort, meine Rückfragen und persönlichen Meinungsäußerungen kritisch lesen,

Ihr W. Weber.

l) In jedes Gespräch fließt die Grundstruktur beider Gesprächspartner ein. Also soll sich der Therapeut intensiv mit den Fragen befassen:

- Was ist meine Grundstruktur, und wo neige ich dazu, diese auf das Gespräch und den Klienten zu übertragen? Was will ich eigentlich?
- Was ist die Grundstruktur meines Klienten, und wo überträgt er sie auf das Gespräch und auf mich? Was will der Klient eigentlich?
- Wie sieht das Zusammenspiel oder Gegeneinander-Spiel (Kollusionsmuster) zwischen Klient und mir aus?

Diese letzte Konkretion ist besonders bedeutsam und soll bei jedem Gespräch unbedingt beachtet werden.

*Ergänzung:*

### 17.5 Praktische Übungen

*Übung 1*

Um die Struktur eines Gesprächs in ihren Ausformungen und Verästelungen erkennen zu lernen (hierbei geht es vor allem auch um die Art, wie sich Klienten- und Therapeutenäußerungen gegenseitig beeinflussen), ist es nötig, Gesprächsprotokolle (nach Möglichkeit auch Tonbandaufnahmen) anzufertigen. Unterziehen Sie sich der Mühe, in regelmäßigen Abständen direkt nach einem Gespräch ein möglichst wortgetreues Protokoll anzufertigen! Analysieren Sie es, möglichst gemeinsam mit anderen Fachleuten! Werten Sie auch Gesprächsprotokolle anderer Personen aus (z. B. Protokolle aus entsprechender Fachliteratur, Protokolle Ihrer Kollegen)! Sie können auch die Gesprächsprotokolle dieses Buches zum Einüben des Strukturierens benützen.

*Übung 2*

Ein einfaches Schema, wichtige Strukturen eines Gesprächs aufzuzeichnen, zeigt nachstehende Strukturskizze. Bitte machen Sie damit praktische Erfahrungen, indem Sie anhand dieser Skizze einige Gespräche protokollieren.

*Strukturskizze*

| 1) Persönl. Daten des Klienten | 2) Hauptfragen | 3) Gefühlsstarke und personnahe Äußerungen | 4) Sonstige wichtige Einzelbeobachtungen | 5) Wichtige Äußerungen des Therapeuten |
|---|---|---|---|---|
| | | | | |

*Übung 3*

Anhand dieser Übung (nach *W.-R. Minsel* 1974) können Sie lernen, auf nichtverbale Äußerungen des Klienten zu achten. Diese drücken oft deutlicher als Worte aus, aus welcher Grundstruktur heraus der Klient spricht. In dieser Übung geht es darum, auf Stimme (Stimmhöhe, Tonfall, Sprechgeschwindigkeit, Lautstärke usw.) und Stimmung des Klienten zu achten.

Notieren Sie bitte zu den nachstehenden drei Sätzen jeweils zwei passende und zwei unpassende emotionale Ausdrucksformen. Beispiel: Zu dem Satz »Mir geht es gut« paßt die Ausdrucksform »lachend – fröhlich« oder »gelassen – entspannt«; unpassend ist es, wenn dieser Satz »traurig« oder »sachlich – unbeteiligt« gesprochen wird.

Schreiben Sie also auf, welchen Gefühlszustand Sie per Stimme ausdrücken wollen, und üben Sie das ein Stück weit ein. Dann gehen Sie und die anderen Gruppenteilnehmer zum Übungsleiter und sprechen Ihre Sätze auf dessen Tonband (wenn Sie sich durch ihn gehemmt fühlen, schicken Sie ihn aus dem Zimmer!).

Die drei Sätze heißen:

a) »Meine Mutter hat kein Verständnis für mich.«
b) »Die Weiber (Männer) sind doch alle gleich.«
c) »Ich weiß nicht, was ich will.«

Nachdem alle Übungsteilnehmer ihre Sätze auf Band gesprochen haben, findet die Auswertung in der Gruppe statt. Der erste Satz wird vorgespielt; die Gruppe findet auf Grund der Stimme (vom Wortgehalt wird abgesehen!) heraus, welches Gefühl hier dominiert; der Sprecher dieses Satzes teilt zum Schluß mit, welches Gefühl er ausdrücken wollte. Dann kommt der nächste Satz dran usw. – Ab der zweiten Halbzeit der Auswertung wird in direkter Rede verbalisiert, – Beispiel (siehe Beispiel von oben!): »Sie fühlen sich gelassen und entspannt«, »Ihre Stimme klingt traurig, vielleicht geht es Ihnen doch nicht so gut.«

*Übung 4*

Diese Übung drückt auf nonverbaler Ebene einige Grundstrukturen (Interaktionsmuster, Beziehungsgeflechte, Kollusionen, Übertragungsvorgänge) aus, wie sie oft in Gesprächen vorkommen: Klient und/oder Therapeut greifen zu einem »Ziehen« oder »Schieben« (man will z. B. den anderen auf die eigene Seite herüberziehen oder an die Wand drücken oder ...). In Anlehnung an Konkretion »l« (siehe oben!) kann bei dieser Übung körperhaft erfahren werden, wie die (augenblickliche) Grundstruktur von »Therapeut« und »Klient« aussieht und welche Struktur das Gespräch hat, – natürlich geht es hier nur um Strukturen im Zusammenhang mit »Ziehen« und »Schieben«.

Während der Übung wird nicht gesprochen. Man schließt die Augen oder schaut auf den Boden. Insbesondere wird auf die eigenen Körpersignale, Gefühle und Wünsche geachtet.

Die Gruppe teilt sich in Paare auf. Jedes Paar klärt, wer zunächst in die Rolle des Klienten schlüpft und wer den Therapeuten spielt. Die »Klienten« stellen sich in einer Reihe auf, die »Therapeuten« stehen auf Armlänge gegenüber. Hinter der Reihe der »Klienten« und der Reihe der »Therapeuten« sind 3 bis 5 Meter Platz (bis zur Wand). Jedes »Klienten-Therapeuten-Paar« streckt die Arme in Schulterhöhe nach vorne und faßt sich bei den Händen.

*Übungsteil 1 (Dauer ca. 3 Minuten)*

»Klient« zieht gemäß seinen Bedürfnissen den »Therapeuten« auf die eigene Seite. »Therapeut« verhält sich, wie er will, ist auf jeden Fall echt in seinem Verhalten.

*Übungsteil 2 (Dauer ca. 3 Minuten)*

Nachdem man sich wieder in der Mitte des Raumes aufstellte (Ausgangslinie!), schiebt der »Klient« den »Therapeuten«. »Klient« entscheidet auch jetzt frei, wie stark und wie weit er schieben möchte. »Therapeut« verhält sich wiederum, wie er will, ist auch jetzt echt in seinem Verhalten.

*Übungsteil 3 (Dauer ca. 3 Minuten)*

Aufstellung an der Ausgangslinie. »Klient« *muß* den »Therapeuten« auf die eigene Seite ziehen, und zwar bis zur Wand. »Therapeut« *muß* sich letztlich bis zur Wand (es kann auch eine Stuhlreihe sein) ziehen lassen.

*Übungsteil 4 (Dauer ca. 3 Minuten)*

Aufstellung an der Ausgangslinie. »Klient« *muß* den »Therapeuten« bis zu dessen Wand hin schieben. »Therapeut« *muß* sich bis dorthin schieben lassen.

*Übungsteil 5 (Dauer ca. 5 Minuten)*

Das Übungspaar tauscht seine Erfahrungen aus (insbesondere Körper- und Gefühlserfahrungen). Damit wird die Übung beendet.

*Fortsetzung der Übung*

Diese Übung (mit allen 5 Übungsteilen) wird jetzt wiederholt, aber mit vertauschten Rollen. Wer bisher »Klient« war, stellt sich jetzt auf den Platz des »Therapeuten«, und umgekehrt.

Jetzt folgt eine Aussprache in der Gruppe. Danach soll diese Übung nach Möglichkeit noch mit einem anderen Partner durchgeführt werden, – dadurch wird die Erfahrung vertieft und verbreitet.

*Anregungen zur Aussprache und Auswertung in der Gruppe*

Zunächst läuft das Gruppengespräch frei. Anschließend kann die Gruppe folgende Fragen aufgreifen:

a) Wie geht es mir in der Rolle des »Klienten« bzw. des »Therapeuten«? Gefällt mir die eine Rolle besser als die andere?
b) Fühle ich mich wohler beim Ziehen oder beim Schieben, beim Gezogenwerden oder beim Geschobenwerden? Was kann das bedeuten?
c) Gibt es bei mir gleichbleibende und durchgehende Erfahrungen? Welche? (Beispiel: Fällt mir das Nachgeben besonders leicht? Möchte ich lieber Widerstand leisten?)
d) Was sagt mir mein Körper und mein Gefühl,
   wenn mein Partner stärker bzw. schwächer zu sein scheint als ich,
   wenn mir mein Partner eher sympathisch bzw. eher unsympathisch ist,
   wenn mein Partner gleichgeschlechtlich bzw. andersgeschlechtlich ist.
e) Kann ich meinem Übungspartner und mir selber gerecht werden, oder nehme ich zunächst nur die eine Seite wahr?
f) Erlebe ich das Geschehen während der Übung ähnlich wie mein Partner? Wenn nicht, was kann das bedeuten?

g) Habe ich jetzt (oder während der Übung) bestimmte Einfälle (z. B. aus meiner Lebensgeschichte)?
h) Inwieweit stimmen meine Erfahrungen innerhalb dieser Übung überein mit meinen Erfahrungen im therapeutischen Gespräch? Welche Konsequenzen ziehe ich für mein künftiges therapeutisches Verhalten?

*Ergänzung:*

## 18. Abstraktion und Konkretion

*Vorübung*

Um sich für dieses Kapitel zu »erwärmen« und seine Bedeutsamkeit zu »erfahren«, beschäftigen Sie sich bitte mit folgenden Fragen:
a) Bitte überlegen Sie, was Ihnen die Kapitel dieses Lehrbuches für Ihre Praxis einbringen würden, wenn jeweils die »Konkretion« fehlte. Machen es die »Konkretionen« leichter, den Schritt von der theoretischen Einsicht zum praktischen Tun zu vollziehen?
b) Bitte erinnern Sie sich an therapeutische Gespräche, in denen der Klient sehr viele abstrakte Äußerungen bringt. Werden Sie in Ihren Äußerungen abstrakt bleiben oder konkrete Antworten suchen? Wohin führt das?

### 18.1. Lernimpuls

In Zusammenarbeit mit dem Klienten versuche ich als Therapeut, eine allgemeine und abstrakte Aussage in eine Form zu kleiden, die die individuelle Person und den konkreten Alltag des Klienten trifft, und zwar im »Hier und Jetzt«. Wenn ich, oder der Klient, eine abstrakte Aussage mache, verstecke ich mich in der Regel, und zwar hinter einem allgemeinen Begriff (Beispiel: »Frustration führt zu Aggression oder Depression«) oder hinter der Allgemeinheit (Beispiel: Ich verwende die Wörter »man«, »alle Menschen«, »wir«, »es ist doch so, daß ...«). Wenn ich, oder der Klient, konkret werde, gehe ich der Sache und dem Menschen auf den Grund. Eine abstrakte Therapeutenäußerung ist oft unverbindlich, oft eine halbe Antwort, – der Klient kann sie schwer auf sich und seine Situation anwenden.
*Ergänzung:*

### 18.2. Begründung

Eine abstrakte Aussage (aus Psychologie oder Soziologie, Philosophie oder Theologie) verlangt nach Inkarnation und Konkretion: »Die Wahrheit ist stets konkret« (*Lenin*). Eine abstrakte Aussage muß für jede konkrete Einzelperson übersetzt werden, damit sie integriert werden kann. Die »Wahrheit« muß personalisiert werden, damit sie einer Person nützt und konkret hilft. Wer nur abstrakte »Wahrheiten« verteilt, gibt Steine statt Brot. Eine weitere wesentliche Gefahr von Abstraktionen ist darin zu finden, daß sie hauptsächlich den Intellekt ansprechen und die emotionale Ebene kaum erreichen.

Einen praktischen Beweis, wie schwierig und doch nötig der Schritt zur Konkretion ist, findet man bei der Beschäftigung mit dem Lernschritt »Konkretion« (vgl. die »Konkretionen« zu allen vorliegenden Kapiteln dieses Lehrbuchs!).
*Ergänzung:*

## 18.3. Kritische Reflexion

Es wäre einseitig, wollte man die Abstraktion völlig ablehnen und nur die Konkretion gelten lassen. Das Konkretisieren kann zu Einengungen und Fixierungen führen. Man sieht dann unter Umständen nur noch einzelne konkrete Einzelheiten und bekommt nicht mehr die Ganzheit ins Blickfeld, die Beziehung des einzelnen zum Ganzen: »Man sieht vor lauter Bäumen nicht mehr den Wald.«
*Ergänzung:*

## 18.4. Konkretion

a) Es ist zu wenig, wenn ich einem zerstrittenen Ehepaar nahelege, miteinander wieder zu reden, einander zu verstehen, miteinander Frieden zu schließen usw. Ich habe gemeinsam mit den Klienten zu klären, welche konkreten Einzelschritte zu bewältigen sind, wo die einzelnen Schwierigkeiten konkret liegen, welche konkreten Ziele erreichbar sind usw.
b) Die Verwendung von Abstraktionen (psychologischen Pauschaldefinitionen) nützt in der Praxis wenig und hat oft eine verschleiernde Wirkung. Was nützen im konkreten Einzelfall etwa Feststellungen wie: »Klient leidet an Kommunikationsstörungen, an Aggressionshemmungen usw.«, »Klient hat eine Mutterbindung, ein starkes Überich usw.«, »Klient ist oral fixiert, ist depressiv usw.« Es muß konkret herausgearbeitet werden, wie das beim individuellen Klienten in seinem praktischen Leben aussieht, was das hier und jetzt für ihn bedeutet.
c) In der Gesprächspsychotherapie spielt die »konkrete Zuwendung zu gefühlsmäßigen Erlebnisinhalten des Klienten« mit Recht eine gewichtige Rolle; die Therapeutenäußerungen werden auf diesen Punkt hin geprüft und eingeschätzt, weil Konkretion für den Erfolg der Therapie maßgebend ist (*Tausch* 1970, 82, 160f).

Wenn der Klient abstrakt spricht, gibt es zwei Wege, ihn zum Konkretisieren zu ermuntern:

- Beim Verbalisieren greife ich zu anschaulichen, bildhaften, gleichnishaften Wörtern, auch zu Formulierungen aus der Umgangssprache (des Klienten) und zu kurzen und klaren Sätzen.

– Mittels indirekter Fragen erkundige ich mich nach konkreten Aussagen. Beispiele: »Mich beschäftigt, wie das im konkreten Alltag aussieht, was Sie eben sagten«. »Was Sie eigentlich meinen, kann ich mir noch nicht plastisch und genau vorstellen.« »Ich kann Sie noch besser verstehen, wenn Sie das entfalten, wenn Sie mir Beispiele aus Ihrem Leben berichten.« »Für mich sprechen Sie momentan ziemlich abstrakt und allgemein, – können Sie genauer und persönlicher sprechen?« »Ich frage mich, wie das konkret aussieht.« »Vielleicht fällt Ihnen dazu etwas ein, z. B. Erlebnisse von früher, oder Träume, oder ...« »Wollen Sie mal versuchen, das Gefühl näher anzuschauen, das Sie in diesem Zusammenhang haben.« »Ich frage mich, was Ihr Gefühl dazu sagt (Ihr Inneres, Ihr Körper)?«

d) Ich achte bei mir und beim Klienten darauf, daß wichtige Regeln der »Themenzentrierten Interaktion« (siehe Anfangskapitel dieses Buches: »Einführung in das Lernprogramm, Methoden der Gruppenarbeit«) eingehalten werden, z. B.: »Sprich nicht per ›man‹ oder ›wir‹ sondern per ›ich‹!« »Es ist beinahe immer besser, eine persönliche Aussage zu machen, als eine Frage an andere zu stellen.« »Beobachte Signale aus Deiner Körpersphäre!« Körpersignale lassen sich oftmals entdecken und erklären, wenn man fragt: Was spüre ich wo in meinem Körper? Was sagt mir das (Was würde diese Körperpartie sagen, wenn sie sprechen könnte?)?

e) Ich arbeite im »Hier und Jetzt« und mit der Beziehung zwischen Klient und Therapeut. Alles, was der Klient sagt, beziehe ich auf das »Hier und Jetzt« und auf die Beziehung zwischen Klient und mir. Ständig frage ich mich und in gebührender Weise auch den Klienten:

– Was bedeutet das hier und jetzt? Was heißt das im Blick auf diesen Augenblick?
– Was bedeutet das für unsere Beziehung?

f) Ich versuche herauszufinden, wozu der Klient (oder ich selber) ein abstraktes Reden benötigt, was am Konkretisieren hindert, – oft sind es Abwehrmechanismen.

*Ergänzung:*

## 18.5. Praktische Übungen

### *Übung 1*

Bitte lesen Sie im Kapitel »Spiegelnde Methode« die »Praktische Übung Nr. 5«: So können konkrete Therapeutenäußerungen aussehen. Im Anschluß daran notieren Sie konkrete Äußerungen zu folgenden Klientenaussagen:

a) »Ich habe Kommunikationsschwierigkeiten.«
b) »Ich bin aggressiv gehemmt. Ich kann nicht streiten.«
c) »Ich bin so unentschlossen. Ich kann mich nicht entscheiden.«
d) »Ich weiß, ich leide an einem Ödipuskomplex.«
e) »Ich habe ein lästiges Symptom (Migräne, Schlaflosigkeit, Verstopfung, Impotenz usw.). Ich war schon bei vielen Ärzten, alles vergebens. Ich glaube, dahinter steckt etwas anderes: Das möchte ich herausfinden.«

*Übung 2*

In dieser Übung (*W.-R. Minsel* 1974) können Sie lernen, Fachausdrücke und abstrakte Aussagen (die der Klient einbringt oder die Sie selber gerne benützen) in eine konkrete, anschauliche und einfache Form zu bringen. Dazu zunächst drei Beispiele:

Stellen Sie sich vor, daß Ihnen ein Klient sagt: »Ich habe einen Ödipuskomplex«, oder daß Sie einem Klienten erklären wollen, was ein Ödipuskomplex ist (vielleicht auch, daß er einen solchen Komplex hat). Sie können z. B. so antworten: »Wenn ich es recht sehe, bedeutet das für Sie: Sie lieben Ihre Mutter und hassen Ihren Vater; Sie finden Ihre Mutter/Alte ganz toll, aber auf Ihren Vater/Alten haben Sie einen Rochus.«

Was Symptom und Symptombehandlung sind und wie ein Symptom letztlich anzugehen ist, könnten Sie so erklären: »Wenn ich eine Uhr habe, die nachgeht, kann ich sie jeden Tag wieder neu richtigstellen; es wäre Symptombehandlung, wenn ich an den Uhrzeigern herummachte. Letztlich muß ich im Uhrwerk nachsehen und verändern, was dort nicht stimmt.«

Was »Frustrationstoleranz« bedeutet, kann mit einem Vierzeiler von Wilhelm Busch anschaulich ausgedrückt werden:

> »Daß keine Rose ohne Dorn,
> Bringt mich nicht aus dem Häuschen.
> Auch sag ich ohne (jeden) Zorn:
> ›Kein Röslein ohne Läuschen‹.«

Nachstehend finden Sie viele abstrakte Begriffe. Was das konkret bedeutet, sollen Sie nun mit wenigen Sätzen anschaulich und einfach ausdrücken. Wichtig ist, daß Sie persönlich formulieren – beginnen Sie also Ihre Erklärung jeweils mit dem Satz: »Auf Sie persönlich angewendet, bedeutet das: ...«, oder: »Auf meine Person angewendet, bedeutet das: ...«.

Am besten arbeiten Sie in einer Gruppe. Bei Unklarheiten benützen Sie entsprechende Fachliteratur, – für eine erste Information können Sie verwenden: *J. Drever / W. D. Fröhlich,* Wörterbuch zur Psychologie, dtv 3031.

a) Echtheit / Selbstkongruenz
b) Spiegeln / Verbalisierung emotionaler Erlebnisinhalte
c) Selbstexploration
d) Abwehrmechanismen
e) Übertragung und Gegenübertragung
f) Es – Ich – Überich
g) Narzißmus
h) schizoid – depressiv – zwanghaft – hysterisch
i) Neurose
k) Psychose
l) Minderwertigkeitskomplex
m) Unbewußt
n) Hemmung
o) Angst
p) Toleranz
q) Rigidität
r) Fixierung
s) Elternbindung

t) . . . . . . . . . . . .
u) . . . . . . . . . . . .
v) . . . . . . . . . . . .
w) . . . . . . . . . . . .
x) . . . . . . . . . . . .

} Bitte tragen Sie hier abstrakte Begriffe aus Ihrem Sprachschatz und Ihrer Arbeit ein!

## 19. Annäherung im Anspruchsniveau

### 19.1. Lernimpuls

In meiner Funktion als Berater, Therapeut, Sozialarbeiter oder Seelsorger beachte ich das Niveau des Gesprächspartners hinsichtlich seiner körperlichen, seelischen und geistigen Kraft. Meine Ansprüche stehen auf einem Niveau, das dem Anspruchsniveau des Partners entspricht oder nur wenig darüber liegt. Ich vermeide also Überforderungen, natürlich auch Unterforderungen. Anders gesagt: Sofern eine Frustration des Partners unumgänglich ist, beachte ich die ihm eigene Frustrationstoleranz.

Ansprüche an den Gesprächspartner ergeben sich zum Beispiel aus dem Grundgesetz und anderen humanen Rechtsnormen, aus medizinischen und psychologischen Gesetzmäßigkeiten usw.

*Ergänzung:*

### 19.2. Begründung

Daß sich der Partner gegen Frustration jeder Art zunächst einmal wehrt, ist selbstverständlich. Sie sollten im Rahmen des Möglichen bleiben, – andernfalls kommt es zu Blockierungen, zu aggressivem Widerstand oder zu Fluchtverhalten. Mit solchen Verhaltensweisen ist aber weder dem Partner noch der Sache gedient. Liegt mein Niveau mit seinen Ansprüchen weit über dem des Partners, so kann er mich oft nicht einmal verstehen; falls er noch verstehen kann, fehlt ihm aber die Kraft zum Ausführen, es kommt zu Mißerfolgen, er wird entmutigt und gibt auf. Das Anspruchsniveau ist also so zu gestalten, daß Erfolgserlebnisse möglich sind und sollte erst nach einer Serie von Erfolgserlebnissen erhöht werden (vgl. *Ferd. Hoppe* 1931, *Heckhausen* 1955).

*Ergänzung:*

### 19.3. Kritische Reflexion

Es besteht die Gefahr, aus Rücksicht gegenüber dem Gesprächspartner oder aus einer einseitig verstandenen Partnerzentriertheit heraus darauf zu verzichten, dem Partner eine Frustration zuzumuten, den Klienten also mit gewissen Ansprüchen zu konfrontieren. Viel größer scheint aber in der gegenwärtigen Leistungsgesellschaft die Gefahr zu sein, daß Klienten durch hartherzige und übertriebene Forderungen in die Enge getrieben werden.

*Ergänzung:*

## 19.4. Konkretion

a) Ich kann mich extrem oder gemäßigt äußern, kleine oder große Ansprüche stellen, bescheiden oder autoritär auftreten, eine Wahrheit liebevoll oder lieblos formulieren. Ich kann einen Anspruch so gestalten, daß er den anderen gewinnt, verbindet und aufbaut, oder daß er ihn abstößt, verletzt und zerstört. Viel hängt davon ab, wie ich es dem anderen sage. Falls ich eine Gegenposition beziehen muß, sollte das in freundlichem Ton und mit stichhaltigen Erklärungen erfolgen; ich kann den Partner bescheiden um ernsthafte Prüfung oder um Verständnis bitten; er soll merken, daß mir Anspruch oder Widerspruch schwer fallen. In jedem Fall achte ich darauf, die rechte Zeit und den rechten Ort für meine Äußerungen zu finden.

b) Ich rede so, daß mein Anspruchsniveau nicht weit von dem des Partners entfernt ist. Jedenfalls kann er die von mir ausgehenden Frustrationen nur dann annehmen, wenn er sich (vorher und grundsätzlich) angenommen weiß.

c) Ich hüte mich davor, meinem Partner in unreflektierter Weise die Ansprüche entgegenzubringen und zuzumuten, die ich an mich selber stelle oder die ich für »allgemeingültig« halte.

*Ergänzung:*

## 19.5. Praktische Übungen

*Übung 1*

Bitte überlegen und diskutieren Sie aufgrund Ihrer persönlichen Erfahrung (Selbsterfahrung) folgende Fragen: Wie fühle ich mich, wenn ich überfordert oder unterfordert werde (durch andere Menschen oder durch mich selbst)? Wie reagiere ich, wenn mir viele und hohe Ansprüche entgegenkommen? Bitte beziehen Sie in Ihre Selbstreflexion konkrete Erlebnisse ein (Beispiel: Überforderung durch Eltern, Ehepartner, Kinder, Vorgesetzte, politische oder kirchliche Amtsträger usw.).

*Übung 2*

Die Gruppe teilt sich in zwei Hälften: Halbgruppe A und Halbgruppe B. Einige Mitglieder der Halbgruppe A setzen sich nebeneinander und vertreten konsequent die Position: »Ich als Berater habe gegenüber den Klienten (fast) keine Ansprüche (Erwartungen, Forderungen, Normen).« Die übrigen Glieder der Halbgruppe A sitzen gegenüber und vertreten konsequent die Haltung: »Ich als Berater habe gegenüber den Klienten Ansprüche (Erwartungen, Forderungen,

Normen), ich darf und muß sie haben.« Die Diskussion (Streitgespräch) dauert ca. 20 Minuten.

Die Mitglieder der Halbgruppe B übernehmen die Funktion des »alter ego«, indem sie die Aussagen spiegeln, die in der Halbgruppe A gemacht werden. Jedes Miglied der Gruppe A bekommt ein »alter ego« aus der Gruppe B, – dieses »andere Ich« setzt sich direkt hinter das »Ich« aus der Gruppe A und verbalisiert in der Ich-Form. Beispiel: Jemand aus der Gruppe A sagt mit lauter, kräftiger Stimme: »Natürlich vertrete ich Normen gegenüber meinen Klienten!« Das »alter ego« spiegelt dann in der Ich-Form: »Ich sage das im Brustton der Überzeugung, ich bleibe dabei! Ich habe da keine Zweifel!«

Ziel der Übung: Das Problem der Anspruchshaltung und der Normen wird konfrontativ erarbeitet und emotional erfahren. Gleichzeitig üben sich die Mitglieder der Gruppe B im Verbalisieren emotionaler Erlebnisinhalte.

# 20. Öffnung für Hoffnung und Mut

## 20.1. Lernimpuls

In meiner Funktion als Berater oder Seelsorger, Sozialarbeiter oder Therapeut versuche ich, meinen Gesprächspartner für Neues (neue Erfahrungen, neue Möglichkeiten, neue Aktivitäten und stete Veränderungen, neues Denken und Fühlen und Glauben) zu öffnen bzw. offen zu halten. Für das Gesprächsklima und den therapeutischen Prozeß ist es nötig, daß es ein Freisein und Freiwerden für Hoffnung und Mut gibt.
*Ergänzung:*

## 20.2. Begründung

Die Gefahr der Verhärtung und Fixierung ist groß. Der Mensch setzt gerne einige wenige Gewohnheiten des Denkens, Fühlens, Handelns, Glaubens, einige wenige Welt- und Selbsterfahrungen absolut und läßt sich dann auf keine neuen Erfahrungen und Erkenntnisse mehr ein. Dieses selbstgebaute Gefängnis kann infrage gestellt werden, weil es nicht die ganze Wirklichkeit umfaßt. Wer sich nicht mehr auf Neues einläßt und also nicht mehr mit der Hoffnung lebt, ist in seiner Aktivität oft so gehemmt, daß er weder gesprächs- noch therapiefähig erscheint. Ein therapeutisches Gespräch kann kaum vorankommen, wenn der Klient in totaler Hoffnungs- und Mutlosigkeit versinkt. Wer keine Hoffnung mehr hat, steht in Gefahr, sich aufzugeben und sein Leben wegzuwerfen. Deshalb ist der Punkt aufzuspüren, wo es Ansätze für Mut und Hoffnung gibt.
*Ergänzung:*

## 20.3. Kritische Reflexion

Kann es sein, daß Hoffnung und Hoffnungslosigkeit, Mut und Mutlosigkeit nebeneinander bestehen, und daß diese Ambivalenz auszuhalten ist? Zielt ein einseitiger Optimismus ebenso an der Wirklichkeit vorbei wie ein einseitiger Pessimismus?
*Ergänzung:*

## 20.4. Konkretion

a) Ich erkenne, daß in meinem Gesprächspartner weder Hoffnung noch Mut entstehen können, wenn ich seine Not bagatellisiere, wenn ich ihn mit billigen

»Trostpflästerchen« bediene, wenn ich einfach einen moralischen Aufruf loslasse (»Geben Sie die Hoffnung nicht auf! Man sollte nicht so mutlos sein!«).
b) Ich finde heraus, welche Gefühle und Grundhaltungen sich bei mir einstellen, wenn sich ein Klient mut- und hoffnungslos äußert. Es gibt zwei gegensätzliche Positionen: Ich lasse mich überschwemmen und anstecken (extreme Passivität), oder ich kämpfe massiv dagegen an (extreme Aktivität). Beide Positionen bedeuten Abwehr und helfen dem Klienten nicht. Kann ich meine Grundhaltung verändern?
c) Ich biete dem Klienten die gesprächspsychotherapeutische Grundhaltung an (Wertschätzung/Wärme, Verbalisieren emotionaler Erlebnisinhalte, Echtheit/Selbstkongruenz). Dadurch hat er die Möglichkeit, ausführlich und emotional von Trauer, Leid, Schmerz, Hoffnungs- und Mutlosigkeit zu sprechen, ausführlich zu klagen und zu weinen. Das kann entlasten, befreien und klären. Im Anschluß daran kann der Klient oft von sich aus entdecken, wo er positive Seiten und Chancen zum Hoffen hat. Ich stehe ihm dabei zur Seite, indem ich gewissenhaft all seine Ansätze zu Hoffnung und Mut spiegle.
d) Öffnung für Hoffnung und Mut kann ich dem Klienten anbieten, wenn ich gemeinsam mit ihm folgende Fragen angehe:
- Wie stark ist der Wunsch, etwas zu verändern?
- Was müßte geschehen, damit es dem Klienten besser geht?
  Was kann er selber tun, was sollten andere tun?
- Was sind die nächsten (kleinen) Schritte?

e) Ich prüfe zusammen mit dem Gesprächspartner, ob er hinter seinem schweren Schicksal einen Sinn entdecken kann: Dadurch können Mut und Hoffnung entstehen.

f) Gemeinsam mit dem Klienten suche ich nach konkreten Erfahrungen im Leben des Partners, wo es plötzlich Veränderungen und unerwartete Wendungen gab. Ist ähnliches Erleben für die Zukunft auszuschließen?
*Ergänzung:*

## 20.5. Praktische Übungen

### *Übung 1*

Nachstehend werden elf Menschenschicksale skizziert. Beim Lesen bekommen Sie einen konkreten Eindruck, wie hoffnungslos Menschen sein können und wie schwer ein Ansatz für Ermutigung zu finden ist. Bitte überlegen Sie, in welcher Weise Sie mit diesen Menschen sprechen würden.
Am besten nehmen Sie den einen oder anderen Fall als Ausgangspunkt für ein Rollenspiel: Ein Teilnehmer versucht, eine der angegebenen Rollen zu spielen;

ein anderer Teilnehmer übernimmt die Rolle des Therapeuten; die übrigen Mitglieder der Lerngruppe fungieren als Beobachter; nach Möglichkeit nehmen Sie das Rollenspiel auf Tonband auf.

a) Pechsträhne einer Mutter: Kurz nach der Geburt erkrankt der kleine Säugling schwer, auch nachts braucht er Pflege, die Mutter fühlt sich noch sehr schwach und fürchtet sich vor einer chronischen Krankheit des Kindes, der Ehemann kommt erst in einer Woche von einer Geschäftsreise zurück, hochfiebrig tritt er durch die Tür und braucht also Pflege, anstatt mithelfen zu können, die Großeltern und Schwiegereltern geben nur gute Ratschläge und keine praktische Hilfe, irgend jemand aus der Nachbarschaft setzt böse Gerüchte in Umlauf.

b) Ein Schüler wird vom Lehrer ungerecht behandelt, es kommt zu einem unfruchtbaren und aufreibenden Machtkampf, der Lehrer sitzt am längeren Hebel, der Schüler wird nicht versetzt.

c) Ein Mädchen, Anfang zwanzig, erfährt in der Begegnung mit Männern eine Enttäuschung nach der anderen, verbittert zieht es sich schließlich zurück.

d) Ein Student erkrankt an Multipler Sklerose und muß sein Studium und seine Karriere begraben.

e) Eltern geben sich größte Mühe mit der Erziehung ihrer einzigen Tochter, im Bannkreis ihres Freundeskreises wird das Mädchen drogensüchtig.

f) Eine Frau baut zusammen mit ihrem Mann ein gutgehendes Geschäft auf, dann wird sie aus dem Geschäft und der Ehe gedrängt: Der Mann heiratet seine junge Sekretärin.

g) Ein Mann stellt mit 50 Jahren fest, daß seine Frau und seine drei Kinder von ihm nur Geld wollen, um ihre persönlichen Interessen zu verwirklichen, – er fühlt sich ausgenützt und mißbraucht.

h) Ein Sechzigjähriger wird in seiner Firma in die Ecke gedrängt und auf das Abstellgleis geschoben, seine früheren Leistungen sind vergessen.

i) Eine verwitwete Großmutter stellt verbittert fest, daß sie nur für andere gelebt und gearbeitet hat, niemand dankt es ihr, niemand hilft ihr jetzt in ihrem Alter.

k) Eine Aktionsgruppe setzt sich intensiv für die »Dritte Welt« ein, sie stößt bei Christen und Atheisten auf lauter Gleichgültigkeit und Ablehnung.

l) Der Prediger Salomo schreibt: »Wie ist alles so nichtig! Es ist alles umsonst! Was hat der Mensch für Gewinn von aller seiner Mühe? Das Auge wird nicht satt vom Sehen, das Ohr wird nicht voll vom Hören. Es gibt nichts Neues unter der Sonne. Siehe, alles ist nichtig und ein Haschen nach Wind.«

### *Übung 2*

Bitte überlegen und diskutieren Sie folgende Themen: Wo gab und gibt es in meinem Leben Phasen der Hoffnungs- und Mutlosigkeit? Wie finde ich in solchen Situationen einen Ansatz für neue Hoffnung und neuen Mut? Inwieweit kann ich meine Erfahrungen und Lösungsversuche einem Klienten mitteilen? Inwieweit bedeutet das für ihn eine konkrete Hilfe?

*Übung 3*

Diese Übung mutet auf den ersten Blick fast einfältig an, kann aber sehr ergiebig verlaufen. Bitte nehmen Sie sich ca. zehn Minuten Zeit und notieren Sie Ihre Einfälle zu der Frage: Was gefällt mir an mir (Aussehen, Berufsverhalten, Gesprächsführung, Privatleben usw.)? Nach Möglichkeit teilen Sie Ihre Einfälle der Gruppe mit und lassen sich durch die Aussagen anderer Gruppenmitglieder anregen.

## 21. Distanz und Nähe

*Vorbemerkung*

Innerhalb einer Gruppe bearbeiten Sie dieses Kapitel am lebendigsten in dieser Form: Jedes Gruppenmitglied liest allein für sich die Abschnitte »Lernimpuls – Begründung – Konkretion« und notiert sich alles, was an Fragen und Ergänzungen, an Gefühlen und Einfällen auftaucht. Dann wird mit Stühlen ein Außenkreis und ein Innenkreis gebildet. Wer momentan nicht in das Gespräch einsteigen möchte, setzt sich in den Außenkreis, wer sich am Gespräch beteiligen möchte, sitzt im Innenkreis. Dann beginnt die Diskussion. Während des Gesprächs hat jedes Gruppenmitglied die Möglichkeit, aus dem Gespräch auszusteigen und sich also dem Außenkreis anzuschließen; ebenso besteht die Möglichkeit, jederzeit in das Gespräch hineinzugehen und sich also in den Innenkreis zu setzen.

### 21.1. Lernimpuls

Ich möchte gegenüber dem Partner zugleich Distanz und Nähe*. Das Verhältnis ist veränderlich und der lebendigen Situation angepaßt. Nähe und Distanz werden verwirklicht, wenn ich am Partner teilhabe, ohne ein Teil von ihm zu werden und ohne ihn zu einem Teil von mir zu machen; wenn ich gleichzeitig in der Welt (des Denkens, Fühlens, Wollens) des Partners stehe und sie doch auch von außen sehe und daneben meine eigene Welt habe; wenn ich gleichzeitig »mit der Brille des Partners sehe« und mit meiner eigenen »Brille«.
*Ergänzung:*

### 21.2. Begründung

*Distanz ist nötig,*

a) weil ich ein anderer Mensch bin als mein Partner (vgl. »Echtheit und Selbstkongruenz«) und es also eine äußere und innere Distanz gibt, die sich nicht aus der Welt schaffen läßt;
b) weil ich aus der Distanz heraus zu einem gewissen Überblick und einer relativen Objektivität kommen kann;

---

* Man kann auch von Nichtidentifikation und Identifikation sprechen. Identifikation geschieht, indem ich mich in die Lage des anderen versetze, um es so zu erleben, zu fühlen, zu denken, zu wollen wie der andere.

c) weil ich mein rationales und emotionales Weltgebäude nicht mit dem des Partners vermischen möchte (Gefahr der »Gegenübertragung«);
d) weil es zur Realität des Partners gehört, daß er sich nicht nur mit der eigenen subjektiven Brille sieht, sondern auch so erlebt, wie er von anderen Menschen gesehen wird;
e) weil der Partner sein eigenes Ich finden und vertreten möchte, so daß er eigenständig leben kann (keine fortdauernde Abhängigkeit vom Therapeuten und ständige Identifikation mit dem Therapeuten);
f) weil der Partner (innerhalb der augenblicklichen Situation) Angst empfinden kann, sich ganz zu öffnen (Angst vor der Preisgabe eines peinlichen Geheimnisses, Angst vor Gefühlsüberschwang und emotionaler Sturmflut).

*Ergänzung:*

*Nähe ist nötig,*

a) weil ich den Partner in allen Verästelungen seines rationalen und emotionalen Erlebens zu verstehen und zu begleiten suche;
b) weil der Partner echten Kontakt und tiefes Vertrauen braucht, Anerkennung und Annahme, emotionale Wärme, eine zuverlässige und tragfähige Beziehung.
c) weil der Partner ein aktives Bemühen und spürbares Engagement des Therapeuten benötigt;
d) weil der Partner in der lebendig-nahen Begegnung mit dem Therapeuten lernen kann, sein Verhalten zu erkennen und zu ordnen;
e) weil der Partner möglicherweise ein Übermaß an Ungeborgenheit und Unzuverlässigkeit erlebte, das ihn in einer Vereinsamung und Vereinzelung stehen läßt, die übergroße Angst und Hemmungen erzeugen und so neue Lösungsansätze vereiteln.

*Ergänzung:*

## 21.3. Kritische Reflexion

Bitte übernehmen Sie einmal alleine die Aufgabe, den Lernimpuls und seine Begründung kritisch zu reflektieren.

## 21.4. Konkretion

a) Ich bin mir ständig bewußt, daß zu einem lebendigen und fruchtbaren Gespräch sowohl Nähe als auch Distanz gehören. Ich versuche, daß weder ich

selber noch mein Gesprächspartner dieser Spannung ausweichen. Ich suche diejenige Mischform von Distanz und Nähe zu verwirklichen, die dem jeweiligen Partner und der jeweiligen Situation angemessen erscheint. Dazu ist es nötig, daß ich mit großer Sensibilität auf alle Äußerungen des Partners und auf meine eigenen Reaktionen achte.
b) Ich beachte, wo (beim Partner und bei mir selber) Zeichen von Distanz auftreten, – allerdings sind diese Zeichen zum Teil mehrdeutig:

- Körperhaltung ist unruhig, gebeugt, abgewendet; Arme sind verschränkt, Hände irgendwo versteckt; Blickkontakt wird vermieden, Kopf gesenkt oder abgewendet;
- Sprechen ist hastig – fluchtartig (Redeschwall) oder kommt ins Stocken (Gesprächspause);
- Gesprächsthema wird rationalisiert oder fallen gelassen;
- Gesprächsteilnehmer (Therapeut und/oder Klient) wird aggressiv oder depressiv, müde, resigniert.

c) Ich beachte die Signale, die auf Nähe oder Wunsch nach Nähe hindeuten. Auch hier gibt es Mehrdeutigkeit: Hinter Zeichen der Abwehr kann ein Wunsch nach Nähe stehen! Bitte stellen Sie, im Anschluß an Punkt »b«, selber konkrete Überlegungen an und tragen Sie die Ergebnisse hier ein:

d) Ich überlege, warum der Partner (in diesem Augenblick und/oder grundsätzlich) auf Nähe oder aber auf Distanz abzielt. Beispiele: Er kann auf Distanz gehen, weil er den Therapeuten unsympathisch oder aber sehr sympathisch findet. Er kann anfangs recht distanziert sein, dann näher rücken, dann wieder abrücken usw.
e) Ich versuche mir bewußt zu machen, ob ich eher zum distanzierten oder nichtdistanzierten Menschentyp gehöre, und warum ich in diesem Augenblick (gegenüber diesem Partner und diesem Gesprächsthema) den Wunsch nach mehr Distanz oder mehr Nähe habe.

f) Ich gehe auf den Partner mit seinem Wunsch nach mehr Distanz oder mehr Nähe so weit als möglich ein. Dabei bleibe ich echt und mit mir selber identisch.
g) Ich greife bewußt zu Methoden der Distanzierung oder Nichtdistanzierung, wo es nötig erscheint. Dabei dränge ich dem Partner nichts auf.
h) Ich arbeite mit Methoden der Gesprächstherapie, konkret: Ich praktiziere Annehmen und Wertschätzen, spiegelnde Methode, Echtheit. Die Gesprächstherapie läßt Raum für Distanz und Nähe und beläßt dem Partner Freiheit und Selbstbestimmung. Diese Methode kann verhindern, daß Nähe mit totaler Identifikation und Sympathie mit Parteiergreifen vermischt werden, oder daß Distanz mit Unbeteiligtsein verwechselt wird.
i) Ich akzeptiere die Schwierigkeiten, die ich persönlich mit Distanz und Nähe habe. Sofern ich in der Beziehung zu einem Gesprächspartner nicht das rechte Maß an Distanz und Nähe gewinnen kann, spreche ich über diese Schwierigkeit mit einem Kollegen; nötigenfalls gebe ich den Klienten an einen Kollegen ab.
*Ergänzung:*

## 21.5. Praktische Übung

Innerhalb der Gruppe bilden sich Paare (Partner 1 = P 1, Partner 2 = P 2); die Paare machen diese Übung gleichzeitig. Während der Übung wird nicht gesprochen. Die Übungspartner achten insbesondere auf eigene Körperhaltung (Körpersignale) und Gefühle. Die Übung besteht aus drei Teilen, wobei jeder Teil etwa 4 Minuten dauert.

*Teil 1*

P 2 steht mit dem Rücken zur Wand (oder Stuhl oder Tisch) und darf nicht gehen. P 1 steht im Abstand von etwa 5 Meter. Nachdem man Blickkontakt aufgenommen und sich in die Situation eingefühlt hat, hat P 1 die Möglichkeit, in kleinen Schritten vorwärts und rückwärts zu gehen; er erprobt veschiedene Abstände zu P 2 und bleibt schließlich in dem Abstand stehen, der ihm selber angenehm erscheint (ohne Rücksicht auf P 2!).

*Teil 2*

Dieser Teil verläuft entsprechend Teil 1, allerdings werden die Rollen gewechselt: P 1 steht an der Wand und bewegt sich nicht, P 2 sucht den Abstand herauszufinden, den er als angenehm erlebt.

*Teil 3*

P 1 und P 2 stehen im Abstand von etwa 5 Meter. Beide Übungspartner dürfen nach vorwärts und rückwärts gehen. Durch Erproben finden beide gemeinsam heraus, welcher Abstand für beide angenehm erscheint und bleiben dann stehen.

*Fortsetzung der Übung*

Nach diesen drei Übungsteilen hat jedes Übungspaar die Möglichkeit, seine Erfahrungen auszutauschen.

Im Anschluß daran wird die ganze Übung mit einem anderen Partner wiederholt, um die Erfahrungen zu vertiefen und zu verbreitern.

Dann findet eine freie Aussprache innerhalb der Gruppe statt, – die Erfahrungen mit sich selber und dem Partner werden ausgetauscht und ausgewertet.

Im Anschluß an die freie Aussprache können Sie sich durch folgende Fragen (bitte erst nach der Übung lesen!) anregen lassen (Dauer etwa 45 Minuten):

a) Was empfinden Sie, wenn Sie ganz nahe beieinander stehen oder aber auf Distanz gehen?
b) In welcher Distanz fühlen Sie sich richtig wohl?
c) Wie erleben Sie es, wenn Ihr Gegenüber mehr Nähe oder Distanz aufsucht, als Ihnen angenehm ist?
d) Wie erreichen Sie einen Abstand, der Ihnen und Ihrem Gegenüber angemessen und angenehm erscheint?
e) Können Sie bei sich selber eine gewisse Grundstruktur im Empfinden und Verhalten feststellen? Gehen Sie leicht oder schwer auf einen anderen Menschen zu? Gehen Sie lieber auf Distanz oder auf Nähe? Fällt es Ihnen leicht, sich auf das Vorgehen des anderen einzustellen? Geben Sie eher nach, oder lassen Sie es eher auf einen Machtkampf ankommen, in dem Sie sich zu behaupten versuchen? Erleben Sie im Umgang mit Verwandten und Freunden, mit Fremden und Feinden etwas Ähnliches wie innerhalb dieser Übung?
f) Warum suchen Sie die Nähe auf? Warum lieben Sie die Distanz? Warum schätzen Sie den Wechsel von Distanz und Nähe? Gegenüber welchen Menschen (Körperbau, Stimme, Charaktereigenschaften) sind Sie in der Regel distanziert? Welche Menschen finden Sie anziehend und angenehm?
g) Welche Konsequenzen ziehen Sie im Blick auf Ihren Umgang mit Klienten? Zu welchen Gesten (Körperhaltung, Gesichtsausdruck, Sprache der Augen und der Hände, Sitzordnung) und zu welchen Worten greifen Sie, wenn Sie im Gespräch mit einem Klienten mehr Nähe oder mehr Distanz wachsen lassen möchten? Mit welchen Gesten und Worten kann Ihnen der Klient zeigen, daß er mehr Nähe (oder Distanz) sucht bzw. fürchtet?
h) Weitere wichtige Fragestellungen sind hier zu ergänzen.

## 22. Wege zur Diagnose

### 22.1. Lernimpuls

Ich informiere mich über verschiedene Möglichkeiten und Wege, zu einer Diagnose zu kommen. In der Praxis des Diagnostizierens bin ich systematisch und vorsichtig. Ich stelle eine vorläufige Diagnose: Ich verschaffe mir also ein möglichst klares Bild vom Gesprächspartner und seiner Situation, halte mich aber offen für eine Korrektur dieses Bildes.
*Ergänzung:*

### 22.2. Begründung

Innerhalb der psychologischen Tätigkeit dürfte eine zuverlässige und umfassende Diagnostik noch schwerer fallen als in der Medizin. Trotzdem muß als Voraussetzung für ein helfendes Handeln (Therapie) eine Diagnose gestellt werden, die allerdings nur vorläufig sein kann, weil sie einem komplexen und lebendigen Organismus gilt.
*Ergänzung:*

### 22.3. Kritische Reflexion

Verschiedene wissenschaftliche Untersuchungen weisen darauf hin, daß mit dem Diagnostizieren mannigfache Schwierigkeiten verbunden sind (*A. Bürli* 1972, vgl. auch *H. R. Lückert* 1965):

Schwierigkeiten auf Seiten des *Klienten:*
a) Er spricht weder verbal noch averbal alles aus, was zur umfassenden Diagnostik gehört.
b) Seine Aussagen und Verhaltensweisen können mehrdeutig sein.
c) Seine Aussagen und Verhaltensweisen sind oft einseitig geprägt durch die augenblickliche Situation und Dynamik, haben also nicht überzeitliche und grundsätzliche Bedeutung.
d) Sein Verhalten wird beeinflußt durch das Verhalten des einzelnen Diagnostikers.

Schwierigkeiten auf Seiten des *Diagnostikers*:
a) Seine Wahrnehmung trägt subjektive und selektive Züge: »Was er von der Vielzahl des Wahrgenommenen für beachtenswert und relevant hält, hängt

von seinen bisherigen Wahrnehmungs- und Denkerfahrungen, seinem persönlichen Wertsystem und seiner momentanen Motivation ab.« Außerdem spielen eine Rolle: »Hohe Intelligenz, geistige Beweglichkeit, gute Beobachtungseinstellung, richtige Einschätzung der eigenen sozialen Einstellung, Gefühlswärme und emotionale Anpassung« (*Bürli* 1972).

b) In seine Diagnose können spontane und intuitive Dinge einfließen, z. B. persönliche Projektionen (Erwartungen, Vorurteile, Lehrmeinungen, Deutungsschemata, Analogieschlüsse, Abwehrmechanismen usw.).

c) Er scheut die widerspruchsreiche Komplexität des Klienten und weicht der damit verbundenen »kognitiven Dissonanz« (Erkennen und Aushalten der Widersprüchlichkeiten) aus, indem er etwa vereinfacht und harmonisiert.

d) Er wird in seiner Diagnose vor allem von den Klientenäußerungen beeinflußt, die häufig, intensiv und einheitlich (in die gleiche Kerbe schlagend) auftauchen; außerdem werden die ersten Äußerungen des Klienten in der Regel besser behalten als spätere (»primacy effect«).

e) Er hat mit den allgemeinen sprachlichen Kommunikationsschwierigkeiten zu kämpfen, indem er etwa den Begriff »Sex« mit anderen Gedanken und Empfindungen verbindet als der Klient.

Ziel des Diagnostizierens kann nicht sein, den Klienten mit einer Vielzahl »fachidiotischer« Fremdwörter zuzudecken. Dazu ein ironisches Gedicht aus dem Ärzte-Brevier des Temmler-Kalenders:

*»Mir war mein Leben karg und arg verschandelt.*
*Da kam ein Psychoanalytiker gewandelt.*
*Der hat mich emsig – liebevoll behandelt,*
*und zwar mit ganz bedeutendem Gewinn.*

*Nun fühl' ich alle Kräfte neu sich regen,*
*und nahm er mir dafür auch mein Vermögen,*
*so blieb mir doch ein unschätzbarer Segen:*
*Ich weiß nun endlich, endlich, wer ich bin:*

*Ein stark neurotisch – hypersensitiver,*
*hystero – hypochondrisch – depressiver,*
*ekstatisch – vulnerabler Psychopath.*
*Ein instabiler, delirant – versackter,*
*sexuell verhemmter, ethisch nicht intakter,*
*leicht schizophrener Misanthrop-Charakter.*
*Es ist doch schön, wenn man mal Klarheit hat.«*

*Ergänzung:*

## 22.4. Konkretion

a) Hier ist nicht der Platz, auf die vielfältigen diagnostischen Methoden und Mittel einzugehen, eine Aufzählung soll genügen. Zur Diagnostik gehören: Fachwissen über körperliche, seelische, geistige Erkrankungen, über philosophische und theologische Deformationen, Entwicklungs- und Konfliktpsychologie, Sozial- und Kommunikationspsychologie, »ableitendes« und »ausschließendes« Diagnoseverfahren, Diagnostik mittels verschiedener psychologischer Testverfahren (Leistungstests, projektive Tests) und durch kritische Beurteilung von Körperformen, Motorik, Mimik, Gestik, Sprechverhalten, Sprachniveau, Handschrift usw. Diese diagnostischen Verfahren sind je nach Einzelfall einzusetzen. Ein diagnostisches Grundwissen ist zu erwerben.
b) Zu den wichtigsten Mitteln der Diagnostik gehört das Gespräch, konkret gesagt: Die partnerzentrierte Gesprächsführung, das methodische Zuhören, die akzeptierende Grundhaltung, die spiegelnde Methode, das überlegte Fragen usw. (vgl. die entsprechenden Kapitel!).

Bei gewissenhafter Anwendung dieser Methoden kommt es zu einer Selbstexploration (Selbsterkundung, Eigendiagnose) des Gesprächspartners (*Tausch* 1970, 280). Wenn er selber zu Erkenntnissen und Diagnosen kommt, ist die Wirkung stärker und tiefgreifender, als wenn ihm eine Diagnose zugesprochen wird,
c) Ob und inwieweit der Therapeut seine vorläufige Diagnose dem Partner mitteilt, hängt vom Einzelfall ab. Grundsätzlich sind hier Zurückhaltung und Vorsicht am Platz, weil die bloße intellektuelle Mitteilung der Diagnose dem Partner wenig hilft. Wird die Diagnose vorschnell und schroff ausgesprochen, entstehen im Klienten Ängste, Abwehr, Flucht; er kann also die Diagnose nicht anerkennen und sich nicht aneignen.
d) Weil eine umfassende und endgültige Diagnose schwer zu erreichen ist, ist es eine vernünftige Selbstbescheidung, wenn man sich mit einer vorläufigen Diagnose und einer Teildiagnose begnügt (Fokaldiagnose: Ein bestimmter Brennpunkt, ein einzelner Konfliktherd wird diagnostiziert).
e) Ein einfaches Diagnoseschema kommt zur Anwendung, wenn man sich folgende Fragen stellt (*H.-J. Thilo* 1971):

- Was weiß ich bestimmt? (Welche Beweise habe ich?)
- Was vermute ich? (Habe ich Beweise für diese Vermutungen, oder lese ich etwas aus dem Partner heraus oder lege etwas in ihn hinein, was nicht stimmt?)
- Wie war meine erste Reaktion (auf Aussehen und Aussagen des Partners)?
- Wo liegen meine Sympathien und Antipathien (beide können blind machen

für die wahre Situation des Partners)? An welchen früheren Besucher und welchen früheren »Fall« werde ich erinnert (Gefahr der Projektion)?
- Was ist die (augenblicklich) wichtigste Krankheit oder Not des Partners? Welche Probleme hat er insgesamt? Kann er überhaupt den Großteil seiner Nöte aussprechen?

f) Innerhalb der Sozialarbeit wird u. a. folgendes Diagnoseschema verwendet, das relativ leicht zu übertragen und zu handhaben ist (Entwurf der Akademie für Jugendhilfe, Victor-Gollancz-Stiftung, Erlangen):

*Problem*

Das Problem sollte nach Möglichkeit klassifiziert werden. Dann sollten die psychischen und sozialen Faktoren, die zu der individuellen Belastungssituation beitragen, benannt werden.

*Person*

Bei der Person sollte man sich fragen, was ist es für ein Mensch, z. B. seine Stärken und sein Schwächen beschreiben und auf seine Rolle, die Motivation und die Abwehrmechanismen eingehen.

*Vorgeschichte*

Bei der Vorgeschichte werden bedeutende Ereignisse der Vergangenheit aufgezeigt; für gewöhnlich kann man den Ursprung des Problems in der Lebensgeschichte erkennen.

*Behandlungsfähigkeit*

Hier hat man sich zu fragen, wie willig ist der Klient, sich in eine Behandlung einzulassen; wie fähig ist er, es zu tun (Leidensdruck, Motivation, Intelligenz, emotionale Fähigkeiten, Willensstärke, Gesundheit)?

*Behandlungsplan*

Beim Behandlungsplan haben wir zu fragen, welche Ziele können erreicht werden, welche Veränderungen in der Umwelt des Klienten, welche Veränderungen in seinem Fühlen, Denken und Tun werden angestrebt, und welche Mittel sind dafür einzusetzen.

g) Um die Komplexität und Kompliziertheit einer Diagnose konkret aufzuzeigen, wird weiter unten ein »Katalog zur Diagnostik« angeboten. Vor einem laienhaften Gebrauch dieses nicht vollständigen Entwurfs wird ausdrücklich gewarnt, — es wäre zum Beispiel fatal, würde man einen Klienten Punkt für Punkt abfragen. Mit gebührender Vorsicht läßt sich dieser Katalog für verschiedene Ziele verwenden:

- Aufzählung (fast aller) wichtiger Gesichtspunkte, die bei Diagnose (Anamnese, Exploration) und Therapie zu beachten sind.
- Vermeidung einer vorschnellen und vereinfachenden Diagnose (Allerweltsgutachten, Phantasiegutachten, Wertungsgutachten, Stempelgutachten, Harmonisierungsgutachten) (*Lückert* 1964, 416).
- Kontrolle, ob der Partner wichtige Gesichtspunkte verschweigt (warum tut er das?).
- Entwurf eines umfassenden und geordneten Fallberichts.
- Überblick über die Vielfalt von Gesprächsinhalten, denen sich Fachleute und »Laien« zu stellen haben.
- Selbstkontrolle, ob der Gesprächsleiter für die Vielseitigkeit des Gesprächspartners offen ist (oder weitghend subjektiv und selektiv wahrnimmt).
- Überblick über die Vielfalt von Prägungen und Persönlichkeitsstrukturen, die ein Gesprächsleiter (Therapeut) mit sich herumträgt und sich bewußt machen sollte (Selbstwahrnehmung, Selbstkontrolle).
- Prüfung von Personen, die Ausbildung und Beruf des Therapeuten, Seelsorgers, Beraters, Sozialarbeiters, Heimerziehers, Lehrers usw. anstreben.

## Katalog zur Diagnostik*

*Das Problem — Schwierigkeiten in Gegenwart und Vergangenheit*

a) Art des Problems: Objektiver Aspekt
b) Bedeutung des Problems für den Klienten: Subjektiver Aspekt
c) Ursachen des Problems: Anteil der Umweltbedingungen und Anteil des Klienten
d) Bisherige Lösungsversuche.

*Der Gesundheitszustand*

a) Allgemeine Krankheiten — Stellung zu ihnen
b) Auffälligkeiten: Mißwuchs, Sinnesfehler, Sprechfehler
c) Vegetatives System: Müdigkeit, Schlaf, »Nervosität«

---

* Nach *H.-R. Lückert,* 1964, 353–357; Vorlage stark verändert; kein Anspruch auf Vollständigkeit; weitere Kataloge a. a. O., 390–402.

d) Besondere Krankheiten (beim Klienten oder in dessen Verwandtschaft): Tuberkulose, Psychopathien, Neurosen, Süchtigkeit, Suizid, Kriminalität, Schwachsinn.

*Die Stellung in der Familie*

a) Häusliche Verhältnisse: Wirtschaftliche Lage, Beruf von Vater und Mutter, Wohnverhältnisse
b) Wesen der Eltern und Erzieher – Verhältnis zu ihnen
c) Wesen der Geschwister – Verhältnis zu ihnen
d) Wer ist Lieblingskind bzw. »Schwarzes Schaf« bei Vater bzw. Mutter?
e) Erziehung: streng/frei, liebevoll/lieblos, schwankend, verwöhnend
f) Zeit zum Spielen, viele Pflichten.

*Die Stellung zu Schule und Beruf*

a) Welche Schulen wurden besucht?
b) Schulleistungen, auffallend gute oder schlechte Leistungen (Sitzenbleiben), Lieblingsfächer
c) Erledigung der Schulaufgaben (sofort – im letzten Augenblick), Lerneifer
d) Freude am Schulbesuch, Schulschwierigkeiten (Schulschwänzen, Schulmüdigkeit)
e) Stellung zu Lehrern und Mitschülern: Anerkennung – Streit – Ärger
f) Stellung zum Beruf: freie Berufswahl, Berufsausbildung, Berufserfolge, Berufswechsel, Berufsideal.

*Die Stellung zur Gemeinschaft*

a) Bevorzugtes Beisammensein mit Kindern oder mit Erwachsenen
b) Isolierungstendenz oder Geselligkeitsstreben (soziale Anpassung)
c) Freundschaften und Feindschaften, besseres Verstehen mit Jungen/Männern oder Mädchen/Frauen, mit Gleichaltrigen, Jüngeren, Älteren
d) Beim Spiel: Anführer, Mitläufer, Außenseiter?
e) Tiefe Eindrücke von Menschen? Vom anderen Geschlecht?
f) Stellung zu Ehepartner und eigenen Kindern
g) Stellung zu Ober-, Mittel- und Unterschicht, zu Nachbarn, Berufskollegen, Ortsgemeinde, Stadt, politisch-kultureller Situation

*Die Erhellung einzelner Charakterzüge*

a) Erstes Erlebnis (Lebensleitlinie)
b) Schwerstes Erlebnis, peinliches Erlebnis

c) Schönstes Erlebnis
d) Verhalten zu Blumen, Tieren, gebrechlichen, schwachen, alten Menschen
e) Furcht und Ängstlichkeit (Dunkelheit, Wasser, Tiere, Gespenster, Kinderängste, Angstträume)
f) Lebensgrundstimmung (manchmal traurig – worüber? Depressionen?)
g) Verhältnis zur Aggression
h) Verhältnis zur Sexualität
i) Verfolgung eines Planes und Zieles (Spannungsbogen)
k) Anlehnungsbedürfnis, Selbständigkeit
l) Selbstbeherrschung, Einordnung, Rücksichtnahme
m) Verhalten in Versuchungs- und Versagungssituationen, gegenüber Rivalitäten, bei Mißerfolgen
n) Antriebe und Antriebsschicksale:
   - Sicherheit und Ordnung
   - Zugehörigkeit und Zuneigung
   - Beachtung und Anerkennung
   - Besitz und Verantwortung
   - Wettbewerb und Domination
   - Erkennen und Lernen
   - Gestaltung und Leistung
   - Verhalten in Wunsch- und Anforderungssituationen: Führung, Bewältigung, Zurückhaltung, Anpassung, Opposition, Ausweichen, Rückzug
o) Träume – Tagträume.

*Die Selbsteinschätzung*

a) Fähigkeit zur Selbstbeurteilung
b) Beste und schlechteste Eigenschaft, Versuche der Abänderung
c) Besondere Befähigung, Erfolge und Mißerfolge, bestimmte Leistungen
d) Selbstbeurteilung und Beurteilung durch die anderen (Vergleich)
e) Durchsetzen, Beeinflußbarkeit, Unberechenbarkeiten, Unschlüssigkeiten, Ungereimtheiten des Verhaltens, Zwanghaftigkeiten
f) Gewissen (Sensibilität, Nachhaltigkeit), weltanschauliche Prägungen

*Die Bedürfnisse, Wünsche und Interessen*

a) Lieblingsgericht, Lieblingsspiele, Liebhabereien
b) Besondere Eindrücke durch Radio, Fernsehen, Kino, Theater, Bücher, Zeitungen, Illustrierte
c) Drei Wünsche
d) Ein ganz geheimer Wunsch

e) 1000 DM gewonnen im Toto: Was damit anfangen?
f) Einen Monat Ferien nach Wunsch verbringen. Wo? Wie? Mit wem?
g) Noch einmal auf der Welt sein. Als wer oder was?
h) Tarnkappe – Was tun?

*Ergänzung:*

## 23. Einschätzungsformular zur Methodik des helfenden Gesprächs

Abschließend werden in 20 Punkten die Hauptaussagen von 20 Kapiteln dieses Lehrbuches zusammenfassend aufgezählt. Anhand dieser Liste kann therapeutisches Verhalten eingeschätzt und kontrolliert werden, kann der Berater und Seelsorger sich ein Stück weit bewußt machen, wo die Stärken und Schwächen seiner Gesprächsführung liegen. Die Struktur des Therapeuten und seiner Gesprächshaltung wird allerdings nur deutlich, wenn dieses Formular häufig verwendet wird, und wenn zur Selbsteinschätzung immer wieder eine Fremdeinschätzung (durch Supervisor, Kollege oder Kollegenkreis) kommt.

Das Einschätzungsformular sollte vervielfältigt werden. Unmittelbar nach einem therapeutischen Gespräch wird ein Formular ausgefüllt; für die Selbst- und Fremdeinschätzung müssen in regelmäßigen Abständen Tonbandaufzeichnungen gemacht werden. Die Grundstruktur der Gesprächshaltung wird überschaubar, indem man etwa 10 ausgefüllte Einschätzungsformulare miteinander vergleicht. Wenn sich häufig herausstellt, daß etwa die spiegelnde Methode nur in geringem Ausmaß verwirklicht wird, sollte dieses Kapitel (mit seinen theoretischen Informationen und praktischen Übungen) nochmals intensiv bearbeitet werden.

Das Einschätzungsformular enthält nicht alle wichtigen therapeutischen Verhaltensweisen, läßt sich aber leicht erweitern; für bestimmte Zwecke kann auch gekürzt und damit vereinfacht werden. Die Bezeichnung »Einschätzungsformular« weist darauf hin, daß es um Schätzwerte geht und nicht um exakte Messung.

*Einschätzungsformular zur Methodik des helfenden Gesprächs*

Therapeut ______________________ Klient: ____________________________

Insgesamt __________ter Kontakt am ______________________________

Bitte schätzen Sie Ihr therapeutisches Verhalten unmittelbar nach dem heutigen Gespräch (oder nach dem Anhören der Tonbandaufzeichnung Ihres Gesprächs, Stichproben!) ein:

| 1 | 2 | 3 | 4 | 5 | 6 | 7 |
|---|---|---|---|---|---|---|
| sehr wenig | wenig | eher wenig als viel | unentschieden | eher viel als wenig | viel | sehr viel |

| | |
|---|---|
| 1. Therapeut mied die Gefahren der Gesprächsführung | 1 2 3 4 5 6 7 |
| 2. Therapeut verfügte über Selbstwahrnehmung und Selbstkontrolle | 1 2 3 4 5 6 7 |
| 3. Therapeut verhielt sich partnerschaftlich und tolerant | 1 2 3 4 5 6 7 |
| 4. Therapeut zentrierte sich auf den Gesprächspartner | 1 2 3 4 5 6 7 |
| 5. Therapeut praktizierte das Zuhören mit Methode | 1 2 3 4 5 6 7 |
| 6. Therapeut verfügte über emotionale Wärme und Wertschätzung | 1 2 3 4 5 6 7 |
| 7. Therapeut verwandte die spiegelnde Methode | 1 2 3 4 5 6 7 |
| 8. Therapeut war in seinen Äußerungen echt und selbstkongruent | 1 2 3 4 5 6 7 |
| 9. Therapeut unterstützte die Selbstexploration des Klienten | 1 2 3 4 5 6 7 |
| 10. Therapeut verhielt sich beim Gesprächsanfang methodisch überzeugend | 1 2 3 4 5 6 7 |
| 11. Therapeut ermöglichte einen methodisch-sinnvollen Gesprächsabschluß | 1 2 3 4 5 6 7 |
| 12. Therapeut verhielt sich in Gesprächspausen methodisch angemessen | 1 2 3 4 5 6 7 |
| 13. Therapeut ging mit den direkten Fragen des Klienten hilfreich um | 1 2 3 4 5 6 7 |
| 14. Therapeut ging mit Fragen an den Klienten in hilfreicher Weise um | 1 2 3 4 5 6 7 |
| 15. Therapeut konnte die Struktur des Gesprächs (sich und dem Klienten) bewußt machen | 1 2 3 4 5 6 7 |
| 16. Therapeut äußerte sich konkret und individuell | 1 2 3 4 5 6 7 |
| 17. Therapeut beachtete das Anspruchsniveau (psychophysische Möglichkeiten) des Klienten | 1 2 3 4 5 6 7 |
| 18. Therapeut erkannte die Chancen des Klienten für Hoffnung und Mut | 1 2 3 4 5 6 7 |
| 19. Therapeut konnte sowohl mit Distanz als auch mit Nähe umgehen | 1 2 3 4 5 6 7 |
| 20. Therapeut war beim Diagnostizieren systematisch und vorsichtig | 1 2 3 4 5 6 7 |

## 23.1. Praktische Übungen

*Übung 1*

Das angeführte Einschätzungsformular stellt eine knappe Inhaltsangabe dieses Lehrbuches dar. Bitte greifen Sie jetzt zum Formular und versuchen Sie einzuschätzen, in welchem Ausmaß Sie die aufgeführten Lerninhalte in Theorie und Praxis beherrschen. Indem Sie das Formular in diesem Sinne ausfüllen, gewinnen Sie einen gewissen Überblick über Ihren Lernprozeß, über Ihre Stärken und Schwächen.

*Übung 2*

Nehmen Sie die Gesprächsprotokolle »Ehemann« und »Braut« zur Hand, die ganz am Anfang von Kapitel 1 stehen. Notieren Sie bitte auf ein Blatt Papier therapeutische Antworten zu den einzelnen Klientenäußerungen, – beanspruchen Sie dafür nicht mehr Zeit, als Sie in einem echten Gespräch haben. Abschließend stufen Sie Ihre therapeutischen Antworten anhand des oben angeführten Einschätzungsformulars ein. Sofern Sie innerhalb einer Arbeitsgruppe arbeiten, lassen Sie Ihre Antworten bitte auch von den Gruppenmitgliedern einschätzen, damit Sie Vergleichsmaßstäbe haben.

*Übung 3*

Sie haben, als Sie mit dem Durcharbeiten dieses Lehrbuches begannen und den Anfang von Kapitel 1 bearbeiteten, zu den Klientenäußerungen des »Ehemanns« und der »Braut« therapeutische Antworten gesucht und aufgeschrieben. Bitte greifen Sie auf diese Notizen zurück und stufen Sie jetzt Ihr therapeutisches Verhalten anhand des angebotenen Einschätzungsformulars ein. Vergleichen Sie Ihr früheres Vorgehen mit Ihrem jetzigen Verhalten: Was ergibt diese Lernkontrolle? Welche Konsequenzen ziehen Sie?

## Literaturverzeichnis


*Bang, R.:* Das gezielte Gespräch, 1. Teil: Gespräche als Lehr- und Heilmittel. Ernst Reinhardt, München/Basel 1968

*Bastine, R.:* Einführung in die klienten-zentrierte Gesprächspsychotherapie, in: Wege zum Menschen, Beilage »Praxis der Familienberatung«, H. 4 (1971), 481–486, Vandenhoeck und Ruprecht, Göttingen

*Bommert, H.:* Grundlagen der Gesprächspsychotherapie, Stuttgart 1977

*Brocher, T.:* Gruppendynamik und Erwachsenenbildung, Braunschweig 1967, 128ff

*Bürli, A.:* Einige Hauptprobleme der Klientenbeurteilung, in »Sozialarbeit/Travail Social«, Nr. 1 (1972), S. 4–8, hg. Schweizerischer Berufsverband der Sozialarbeiter, Bern

*Cohn, R.:* Das Thema als Mittelpunkt interaktioneller Gruppen, in »Gruppenpsychotherapie und Gruppendynamik«, Bd. 3, H. 2, Vandenhoeck und Ruprecht, Göttingen 1970

*Cohn, R.:* Die Selbsterfahrungsbewegung: Autismus oder Autonomie? Zur Grundlage des themenzentrierten interaktionellen Systems, in »Gruppendynamik« Heft 3 (1974) 150–171, Klett, Stuttgart

*Cohn, R.:* Von der Psychoanalyse zur themenzentrierten Interaktion, Stuttgart 1975

*Eckert/Schwartz,* vgl. »Informationsblätter der Gesellschaft für wissenschaftliche Gesprächspsychotherapie« Nr. 5, 1971

*Erl, W.:* Gruppenpädagogik in der Praxis, Tübingen 1969

*Erl, W.:* Methoden moderner Jugendarbeit, Tübingen 1969, 38ff

*Faber, H./Van der Schoot, E.:* Praktikum des seelsorgerlichen Gesprächs, Göttingen 1968, 16ff, 56–58

*Fuchs, M.:* »Worte – Worte«, Radius-Verlag, Stuttgart, 1975

*Gesellschaft für wissenschaftliche Gesprächspsychotherapie* (Hrsg.): Die klientenzentrierte Gesprächspsychotherapie, München 1975

*Graessner, D./Heinerth, K.:* Eine kommunikationstheoretische Möglichkeit der Operationalisierung der gesprächstherapeutischen Basisvariablen »Echtheit« und »Wärme«, in Zeitschrift für Klinische Psychologie, 1975, 156

*Heckhausen, H.:* Motivationsanalyse der Anspruchsniveau-Setzung, 1955

*Hoppe, F.:* Erfolg und Mißerfolg, 1931

*Langer, I.:* siehe *Minsel*

*Lückert, H.-R.:* Handbuch der Erziehungsberatung, München/Basel 1964

*Lückert, H.-R.:* Die Problematik der Persönlichkeits-Diagnostik, München/Basel 1965

*Martin, D. G.:* Gesprächspsychotherapie als Lernprozeß, Salzburg 1975

*Meyer, E.:* Gruppenunterricht, Worms 1957, 27f

*Minsel, W.-R.:* Praxis der Gesprächspsychotherapie, Graz 1974, 130f, 136

*Minsel, W.-R./Langer, I.:* Forschung in client-centered Gesprächspsychotherapie, in: U. Baumann/W. Schraml: Klinische Psychologie, II, Bern/Stuttgart 1974

*Moser, S.* (Hrsg.): Information und Kommunikation, München 1968

*Pavel, F. G.:* Die klientenzentrierte Therapie – Entwicklung, gegenwärtiger Stand, Fallbeispiele, München 1978

*Penzoldt, E.:* Olifant in »Penzoldts schönste Erzählungen«, Suhrkamp Taschenbuch 216, 1974, 61f

*Pöggeler, F.:* Methoden der Erwachsenenbildung, Freiburg 1964, 108ff

*Pongratz, L. J.:* Lehrbuch der Klinischen Psychologie, Göttingen 1973

*Rogers, C. R.:* Die nicht-direktive Beratung, München 1972 (Counseling and Psychotherapy, Boston 1942)

*Rogers, C. R.:* Die klient-bezogene Gesprächstherapie, München 1973 (Client-Centered Therapy, Boston 1951)
*Rogers, C. R.:* Entwicklung der Persönlichkeit, Stuttgart 1973
*Scharfenberg, J.:* Seelsorge als Gespräch, Göttingen 1972
*Schwäbisch, L./Siems, M.:* Anleitung zum sozialen Lernen ..., Hamburg 1974, 56–58
*Stendenbach, F. J.:* Soziale Interaktion und Lernprozesse, Köln 1963
*Stollberg, D.:* Seelsorge durch die Gruppe, Göttingen 1971, 111f
*Tausch, R.:* Gesprächspsychotherapie, Göttingen, 4. Aufl. 1970, 5. Aufl. 1973, 7., völlig neugestaltete Auflage 1979
*Tausch, R./Roedler, J. R.:* Client-centered Gesprächspsychotherapie, in: Klinische Psychologie, Hrsg.: W. J. Schraml, Bern 1970
*Thilo, J.:* Beratende Seelsorge, Göttingen 1971, 101
*Tscheulin, D.:* Ausbildung in therapeutischem Basisverhalten; Aufbau, Durchführung und Vergleich verschiedener Modelle von Ausbildungskursen in klientzentrierter Gesprächspsychotherapie, Dissertation Würzburg 1972, 63ff
*Volkshochschule,* Handbuch für die Praxis der Leiter und Mitarbeiter, Frankfurt 1968, Blatt 71.126

Notizen

# Notizen